高等职业教育“十三五”规划精品系列教材

21世纪高职高专规划教材·旅游管理系列

出境旅游领队实务

PRACTICE IN OUTBOUND TOUR GUIDING

主　编/曾招喜　全国花
副主编/田　超　张爱文

中国人民大学出版社
·北京·

前言

本教材是《山东省三年制高等职业教育旅游管理专业教学指导方案》开发验收后的建设成果，为该方案的推广应用提供教材支持。本教材适合高职层次的旅游管理、旅行社经营管理、导游等专业学生学习，是导游类课程的重要组成部分。学习本教材前，学生需要熟悉旅游目的地（国）的基本情况、民俗风情、法律规定等，掌握导游服务程序与服务规范，熟悉旅游活动中应急问题处理的一般技巧。

本教材分为 4 个项目、16 个任务，每个任务 2 课时，共 32 课时，建议在第四或第五学期开设。项目一有 5 个任务，10 课时；项目二有 2 个任务，4 课时；项目三有 6 个任务，12 课时；项目四有 3 个任务，6 课时。附录部分包括出境旅游常用词汇与术语（英汉对照）、《中国公民出国旅游管理办法》《旅行社出境旅游服务规范》，皆为出境旅游领队必须了解的英语词汇和旅游法规。

本教材的具体编写任务分配如下：济南职业学院曾招喜老师负责教材整体架构、“项目一：做好出境准备”和附录的编写；青岛酒店管理职业技术学院全国花老师负责“项目二：做好出境服务”和“项目三：做好境外全陪服务”的编写；青岛酒店管理职业技术学院田超老师负责“项目四：做好返程服务”的编写；全国金牌导游培养项目负责人、高级英文导游张爱文经理负责提供实训任务和实训资料。曾招喜完成最终的统稿工作。

由于编者水平有限，教材中难免存在疏漏之处，敬请读者批评指正。

编者

2019 年 6 月

目录

项目一

做好出境准备

- 任务一　接受带团任务
- 任务二　核对出境证件及相关事宜
- 任务三　开好出团说明会
- 任务四　填写入出境登记卡
- 任务五　准备好出团物品

项目概述

做好出团前的准备工作是出境领队能够带领团队出境，并在境外顺利开展全程陪同服务的前提和基础。本项目的主要内容包括：接受带团任务，与出境计调办好交接；仔细查验出境团员的证件（护照、通行证等）；查验出境团员的往返机票；填写各国（地区）入出境登记卡等；详细核对出境行程、出境名单表中的信息；提前开好出团说明会；做好出团的物质准备等。

学习目标

1. 知识目标

（1）理解旅游团出境前的准备工作流程；

（2）熟悉与出入境或与游客相关的表格、证件的内容及其填报、核对方法等；

（3）熟悉召开出团说明会所需文件（包括证件、行程和目的地的相关知识等），掌握召开出团说明会的技巧。

2. 技能目标

（1）能够核对护照（通行证）、签证以及交通票据中的信息，并能对信息的正确性做出判断；

（2）能根据游客护照（通行证）以及签证信息为游客填写入出境登记卡等文件；

（3）能够准备好出团物品，为游客开好出团说明会并解答游客的疑问。

3. 素质目标

（1）课堂教学中，渗透《中国公民出境旅游文明行为指南》以及《导游领队引导游客文明旅游操作指南》的内容，指导学生做文明出境领队，并能引导、教育游客文明出行；

（2）实践教学中，进行出境领队角色教育，培养学生热爱祖国、爱岗敬业等优秀品质；

（3）教育学生养成遵纪守法的习惯，特别是遵守目的地国家（地区）的法律法规、风俗习惯等，在出团说明会上提醒游客守法、随俗。

任务一　接受带团任务

任务导入

（1）角色分配与编组：本任务有出境旅游领队、出境计调以及导领部经理三个角色。建议 3～4 名学生为一组完成“接受带团任务”的学习，每名学生轮流担任不同角色。

（2）在教师的指导或安排下，每组进行出境旅游团队资料的交接。

（3）填写交接表，并对未尽事宜进行备注。

知识准备

一、基本概念

（一）出境旅游

“旅”是旅行、外出，是为了实现某一目的在空间上从甲地到乙地的行进过程；“游”是外出游览、观光、娱乐，是为达到这些目的所做的旅行，二者合起来就是旅游。旅游是非定居者的旅行和由暂时居留引起的一种现象及关系的总和。旅游分为出境旅游和国内旅游。

出境旅游（outbound tour 或者 outbound travel），通常指到自己国家以外的国家或地区旅游度假，是领略异国风情的最直接方式，涵盖的内容可以细分到各目的地。香港、澳门、台湾地区属于中国的领土，但根据惯例我们把中国大陆居民前往这三地的旅游也称为出境旅游。

（二）出境旅游领队

出境旅游领队（tour leader、tour manager 或 tour escort），是指依照规定取得出境旅游领队证，接受具有出境旅游业务经营权的国际旅行社的委派，从事出境旅游领队业务的人员。领队业务，是指为出境旅游团提供旅途全程陪同和有关服务。作为组团社的代表，出境旅游领队协同境外的接待旅行社完成旅游计划安排，协调处理旅游过程中相关事务等活动。

按照《中国公民自费出国旅游管理暂行办法》的规定，目前我国出境旅游一般采取团队形式，“团队的旅游活动须在领队带领下进行”。出境旅游领队同游客由居住地出发到旅游目的地，结束整个游程后，再与游客一同返回居住地。出境旅游领队负责监督接待社，落实旅游合同执行情况，并协助当地导游人员的工作，共同完成旅游接待任务。在旅游过程中，出境旅游领队起着沟通派出方旅行社和境外接待方旅行社、游客和旅游目的地国家（或地区）导游员的桥梁作用。

（三）计调

计调（operator，OP）就是计划与调度的综合称谓，是旅行社内部专职为旅行团、散客的运行走向安排接待计划，统计与之相关的信息，并承担与接待相关的旅游服务采购和有关业务调度工作的一种职位类别。计调又分为国内计调、入境计调和出境计调。出境计调专门负责出境旅游业务，在业务上与出境旅游领队关系密切。

二、任务交接

出境旅游领队带团出境之前，要做大量的准备工作。虽然他们每次做的准备工作都是类似的，却容不得半点不耐烦和省略。工作认真的出境旅游领队应当为每一个旅游团专门建立一个工作档案，以便做到工作井井有条、有据可查。由于出团前的准备工作十分必要，因此要求出境旅游领队认真对待。如果在准备阶段工作马虎，在带团出境之后，就有可能遇到麻烦。

（一）下达带团通知

出境旅游领队的前期准备工作要从接受带团任务开始。首先由计调部向导领部提出派遣出境旅游领队的书面申请。导领部经理根据申请以及团队实际情况挑选出境旅游领队，向出境旅游领队下达带团通知，带团通知通常以书面形式下达。为了提高工作效率，不少旅行社也会采用电话、短信、微信、邮件等方式，或者综合运用多种方式，以便尽快通知到出境旅游领队。

（二）介绍团队情况并移交出团资料

出境旅游领队接到带团通知并表示接受带团任务后，接下来就要按照通知要求与出境计调取得联系，约定时间，听取出境计调对出境旅游团队情况的详细介绍。出境旅游领队在听取出境计调介绍时，需要认真听、仔细记，遇到不清楚的问题时，要及时、有针对性地提问，得到明确的答案，避免把不清楚的问题带入接下来的工作中。出境计调在向出境旅游领队移交资料时，要按出境团队资料交接表所列项目名称逐项移交。

1. 介绍团队情况

出境计调对出境旅游领队的团队情况介绍，主要包括以下几个方面：

（1）出境旅游团的构成情况；

（2）团内重点团员情况；

（3）出境旅游团的完整行程；

（4）出境旅游团的特殊安排和特别要求；

（5）出团说明会的安排。

2. 移交团队资料

出境计调在向出境旅游领队进行团队情况介绍的同时，应当向出境旅游领队移交该团的各种资料。这些资料应当包括：

（1）团队名单表；

（2）入出境登记卡；

（3）海关申报单；

（4）旅游证件；

（5）旅游签证/签注；

（6）交通票据；

（7）接待计划书；

（8）联络通讯录。

入出境登记卡、海关申报单等一般为未填写游客信息的资料，不一定非得在资料交接时由出境计调交给出境旅游领队。如果时间来得及，也可以由出境旅游领队直接到边检、海关柜台索取。

（三）转交出境旅游行程表

拟发给游客的出境旅游行程表也应由出境计调在交接资料时转交给出境旅游领队，由出境旅游领队在召开出团说明会时发给游客。出境旅游行程表应当列明如下内容：

（1）旅游线路、时间、景点；

（2）交通工具的安排；

（3）食宿标准/档次；

（4）购物、娱乐安排以及自费项目；

（5）组团社和接团社的联系人和联络方式；

（6）遇到紧急情况的应急联络方式。

出境旅游行程表要求清楚明了，以方便游客为原则。在制作出境旅游行程表时，国内的组团社不妨学习国外旅行社的先进做法。例如：日本一些旅行社在标明所乘“交通工具”时，不仅会标明航班号、起飞时间、降落时间，还会标上在空中实际飞行时间以及时差等。出境旅游行程表示例如表 1－1 所示。

（四）团队名单表

前面提到，出境计调向出境旅游领队移交的资料中，非常重要的一项就是团队名单表，这是出境旅游团在出入中国大陆境时必然会用到的文件资料。团队名单表根据出境旅游目的地的不同分为中国公民出国旅游团队名单表、内地居民赴香港/澳门特别行政区旅游团队名单表以及大陆居民赴台湾地区旅游团队名单表三种。

表 1-1 **新马泰旅游行程表**

● D1：济南/香港/曼谷（KA1511 12:35—15:50；CX703 17:05—19:00） 宿：阳光酒店或同级

指定时间在遥墙机场集合，搭乘客机飞往泰国首都，抵达机场后由车送往酒店休息。

● D2：曼谷 宿：同上

早餐由酒店提供，餐后参观金碧辉煌的大皇宫及玉佛寺，后往湄南河，乘木舟游船欣赏湄南河风光，远眺郑王庙并参观水上市场。下午参观古色古香、环境优美的五世皇柚木行宫。晚餐享用泰式火锅。餐后观赏精彩的歌舞表演。

● D3：曼谷—芭堤雅 宿：宗天海景酒店或同级

早餐由酒店提供，餐后参观泰国珠宝城，观看世界知名的泰国红宝石、蓝宝石的加工过程，团友可自由选购。之后前往皮具世家，选择皮具制成品，设计精美。下午前往有东方夏威夷之称的海滨度假胜地芭堤雅。中途前往鳄鱼潭，团友可于园内观看精彩的鳄鱼表演。参观三大奇观：七珍佛山、舍利子塔、九世皇庙。晚餐于市内酒楼享用地道泰餐。

● D4：芭堤雅 宿：同上

早餐由酒店提供，餐后乘快艇往珊瑚岛（金沙岛），抵达珊瑚岛后改乘玻璃底小舟游览沿岛风光，同时可欣赏海底奇景，如奇形怪状的珊瑚礁石、海底植物及各种海产。下午参观富有乡村风味的东芭文化村，观赏兰花园并欣赏精彩的泰国民俗表演及大象表演。

● D5：芭堤雅—曼谷 宿：阳光酒店或同级

早餐由酒店提供，餐后前往金佛寺参拜四面佛，保佑家人平安、幸福；之后参观泰式土特产中心。午餐后乘车回曼谷，途中停留国立毒蛇研究中心。

● D6：曼谷—新加坡（FD351 16:45—20:05） 宿：鑫星酒店或同级

早餐后自由活动，乘客机往新加坡，后专车送往酒店入住（如航班时间来得及则往圣陶沙观看激光水舞表演，否则改日游圣陶沙）。

● D7：新加坡—马六甲 宿：帝王、大洲酒店或同级

早餐后，游览圣淘沙、鱼尾狮公园；后前往伊丽莎白公园、高等法院、政府大厦、印度神庙参观游览；后往花芭山，俯视狮城全景；随后至国家珠宝店选购钟爱珠宝。午餐后乘车穿过新马边境往马六甲；抵达后参观马六甲古城的圣保罗教堂、红教堂、三宝井等名胜，后往土产店选购著名特产。晚上于市内餐厅就餐。

● D8：马六甲—云顶 宿：第一世界酒店或同级

早餐于酒店餐厅内享用，餐后乘车前往著名风景区云顶高原。途中游览印度神庙（黑风洞）、燕窝中心。午餐后乘车往云顶高原，自由参观东南亚最大的马来西亚云顶娱乐城。晚上于酒店餐厅就餐（如遇节假日或旅游旺季则改住吉隆坡）。

● D9：云顶—吉隆坡 宿：文雅、文苑酒店或同级

早餐于酒店餐厅内享用，餐后乘车前往吉隆坡。参观国家英雄纪念碑及富丽堂皇的国家皇宫。而后前往游览默迪卡（独立）广场，以及广场附近的一系列伊斯兰风格的百年建筑，这是吉隆坡市的象征，也是马来西亚旅游业的标志。午餐于市内餐厅享用，餐后参观国家博物馆，参观马来西亚著名的锡器制品加工场，后入住酒店。

● D10：吉隆坡/香港/济南（CX5728 10:30—14:35；KA1512 16:50—20:00）

早餐后乘飞机返香港，转机返济南，抵达机场后散团，行程圆满结束。

费用包括：国际机票、正常签证费、机场税、境外接待食宿游、旅行社责任保险。

费用未含：护照费、个人旅游意外保险、地方导游小费及一切私人费用。

自费项目：泰国自费￥600（含骑大象、喂钓鳄鱼、坐马车、金三角风情）；马来西亚自费项目￥350（含水上清真寺、首相府、马来屋、布城、双子塔、风味餐）；新加坡自费￥150（含新加坡河/克拉码头/乌节路/印度神庙）。

境内组团社联系电话：略

境外接待社联系电话：略

中国驻泰国使馆电话：0066-854833327（24 小时值班手机） 0066-2-2450888（证件大厅）

按照《中国公民出国旅游管理办法》的规定，中国公民出国旅游团队名单表是由国务院旅游行政管理部门统一印制，在下达本年度出国旅游人数安排时按编号发放给省、自治区、直辖市旅游行政管理部门，再由省、自治区、直辖市旅游行政管理部门核发给组团社的。组团社按照核定的出国人数安排组织出国旅游团均应当填写中国公民出国旅游团队名单表。游客及出境旅游领队首次出境或者再次出境，均应当填写中国公民出国旅游团队名单表。按照规定，经审核后的中国公民出国旅游团队名单表不得增添人员。中国公民出国旅游团队名单表（见表 1－2）一式四联，分为出境边防检查专用联、入境边防检查专用联、旅游行政管理部门审验专用联、组团社自留专用联。

表 1－2　　中国公民出国旅游团队名单表

组团社序号：×××　　团队编号：×××　　年份：×××
领队姓名：×××　　领队证号：×××　　编号：×××

<table>
<tr><th rowspan="2">序号</th><th colspan="2">姓名</th><th rowspan="2">性别</th><th rowspan="2">出生日期</th><th rowspan="2">出生地</th><th rowspan="2">护照号码</th><th rowspan="2">发证机关及日期</th></tr>
<tr><th>中文</th><th>汉语拼音</th></tr>
<tr><td>领队</td><td></td><td></td><td></td><td></td><td></td><td></td><td></td></tr>
<tr><td>1</td><td></td><td></td><td></td><td></td><td></td><td></td><td></td></tr>
<tr><td>2</td><td></td><td></td><td></td><td></td><td></td><td></td><td></td></tr>
<tr><td>3</td><td></td><td></td><td></td><td></td><td></td><td></td><td></td></tr>
<tr><td>……</td><td></td><td></td><td></td><td></td><td></td><td></td><td></td></tr>
<tr><td>20</td><td></td><td></td><td></td><td></td><td></td><td></td><td></td></tr>
<tr><td colspan="5">年　月　日由　　口岸出境
年　月　日由　　口岸入境</td><td colspan="3">总人数：　（男　人，女　人）</td></tr>
<tr><td colspan="3">授权人签字

组团社盖章</td><td colspan="2">旅游行政管理部门

审验章</td><td colspan="3">边防检查站

加注（实际出境　人）　出境验讫章</td></tr>
</table>

旅游线路：×××
组团社名称：×××　　联络员姓名及电话：×××
接待社名称：×××　　联络员姓名及电话：×××

中华人民共和国文化和旅游部印制

内地居民赴香港/澳门特别行政区旅游团队名单表和中国公民出国旅游团队名单表类似，也是一式四联，而大陆居民赴台湾地区旅游团队名单表为一式五联，增加省级台湾事务办公室留存专用联。如今，团队名单表只针对团队签证游客，个人签证或自由行游客都不需要团队名单表。

任务实施

1. 布置任务

A 旅行社组织了一个赴新马泰 11 天的旅游团，导领部王经理根据导领部派团状况，决定让张导任该旅游团领队。他打电话通知张导，张导答应后，他把派团通知发到了张导的邮箱、QQ以及微信，让他确认，并按通知规定的时间与出境计调李小姐进行了工作交接。

为了能顺利完成实训任务，任课教师为每组学生准备好需要移交的新马泰11天游团队资料、派团通知（见表1-3）以及团队资料交接表（见表1-4）等材料。

表1-3　　派团通知

（出境旅游领队姓名）：

我社（团队名称、团号）将于20××年××月××日发团，本部决定派遣你为该团领队。请你于20××年××月××日前到计调部，与该部门（出境计调姓名）联系，联系电话：（电话号码）。

办妥团队交接手续后的当天或者第二天，请向本部经理（导领部经理姓名）汇报团队资料交接情况，并复印团队资料交接表交本部存档。出团前一天，按规定向本部借领带团物品。

特此通知。

×××旅行社
导领部
20××年××月××日

表1-4　　团队资料交接表

团队名称：×××　　团号：×××
领队姓名：×××　　计调姓名：×××

序号	团队资料名称	是否交接	是否收回	补充说明

出境计调签名：×××　　出境旅游领队签名：×××　　交接日期：20××年××月××日

2. 执行任务

■ 实训条件

模拟旅行社实训室，15个以上机位，装有旅行社管理实训平台，能上网，能发布和提交作业，能完成实训成果展示。如果暂时不具备以上条件，也可以在能上网的计算机房进行。

学生4人一组，分别担任计调部出境计调、出境旅游领队、导领部经理和实训助理。如果时间允许，每组成员可轮流扮演不同角色，重复实训内容，巩固实训效果。

■ 实训步骤

第一步，导领部经理向出境旅游领队下达带团通知；

第二步，出境旅游领队按通知要求与计调部出境计调进行工作交接；

第三步，出境旅游领队向导领部经理汇报交接情况；

第四步，出境旅游领队把团队资料交接表复印件交导领部存档。

3. 成果展示

实训任务完成后，每个小组用PPT展示派团通知、团队资料交接表以及实训过程（可插入实训助理录制的视频）。陈述时，小组中每位学生都要发言，发言主要阐述自己在实训中承担的角色以及完成的内容。每小组的展示及陈述，既要体现小组个人的作用，又要体现团体任务的完整性。

对本任务成果实行过程性评价，分小组自评、小组互评以及教师评价，分别占总成绩的30%、30%、40%。

提升训练

如果派团通知下达后，出境旅游领队还在境外带团，无法按时赶回进行团队资料的交接，怎么办？

任务拓展

为了达到举一反三、巩固提高的目的，配合以上实训任务，给出3个拓展任务，任选其中一个作为课后训练任务。完成并成功提交的作品将计入平时成绩。

任务一

在旅行社实训平台上找一条日本游或韩国游实训线路，根据准备好的团队资料、派团通知、团队资料交接表等，分组进行“接受带团任务”拓展训练。

任务二

找一家旅游网站，选择一条港澳旅游线路，根据线路自行准备团队资料、派团通知、团队资料交接表等，分组进行“接受带团任务”拓展训练。

任务三

找一家校企合作旅行社，选择一条澳新旅游线路，根据线路向合作企业索要团队资料、派团通知、团队资料交接表，分组进行“接受带团任务”拓展训练。

任务二　核对出境证件及相关事宜

任务导入

（1）角色分配与编组：本任务有出境旅游领队、导领部经理、出境计调3个角色。建议3～4名学生为一组完成“核对出境证件及相关事宜”的学习，每名学生轮流担任不同角色。

（2）在教师的指导和安排下，每组进行出境证件与机票的查验。

（3）填写查验登记表，并对未尽事宜进行备注。

知识准备

一、基本概念

（一）护照

护照是一国主管机关发给本国公民出国或在国外居留的证件，以证明其国籍和身份。中国护照一般分外交护照、公务护照、普通护照、香港特别行政区护照和澳门特别行政区护照。有的国家为团体出国人员（旅游团、体育队、文艺团体）发放团体护照。

外交护照是发给政府高级官员、国会议员、外交和领事官员、负有特殊外交使命的人员、政府代表团成员等出国或在国外居留用的身份证件。持有外交护照者在外国享受外交礼遇（如豁免权）。

公务护照是发给政府一般官员，驻外使、领馆工作人员以及因公派往国外执行文化、经济等任务的人员出国或在国外居留用的身份证件。

普通护照是发给出国的一般公民、国外侨民等的出国或在国外居留用的身份证件。普通护照又分为因公普通护照和因私普通护照。

在中国，外交护照由外交部签发；公务护照由外交部、中华人民共和国驻外使馆、领馆或者外交部委托的其他驻外机构以及外交部委托的省、自治区、直辖市和设区的市人民政府外事部门签发；普通护照由公安部出入境管理机构或者公安部委托的县级以上地方人民政府公安机关出入境管理机构以及中华人民共和国驻外使馆、领馆和外交部委托的其他驻外机构签发。如今，中华人民共和国护照（见图1-1）的有效期一般为10年，签发给16周岁以下儿童的护照有效期为5年，取消护照延期的规定。香港特区护照的有效期一般为10年，签发给16周岁以下儿童的护照有效期为5年。澳门特区护照的有效期一般为10年，签发给18周岁以下儿童的护照有效期为5年。

1. 港澳居民来往内地通行证

港澳居民来往内地通行证是港澳同胞来往于香港、澳门与内地之间的证件，由广东省公安厅签发，有效期10年。另有入出境通行证，也由广东省公安厅签发，有效期为5年。

2. 台湾同胞旅行证明

台湾同胞旅行证明是台湾同胞回祖国大陆探亲、旅游的证件，经口岸边防检查站检验并加盖验讫章后，即可作为进出祖国大陆和在大陆旅行的身份证明。该证由我国公安部委

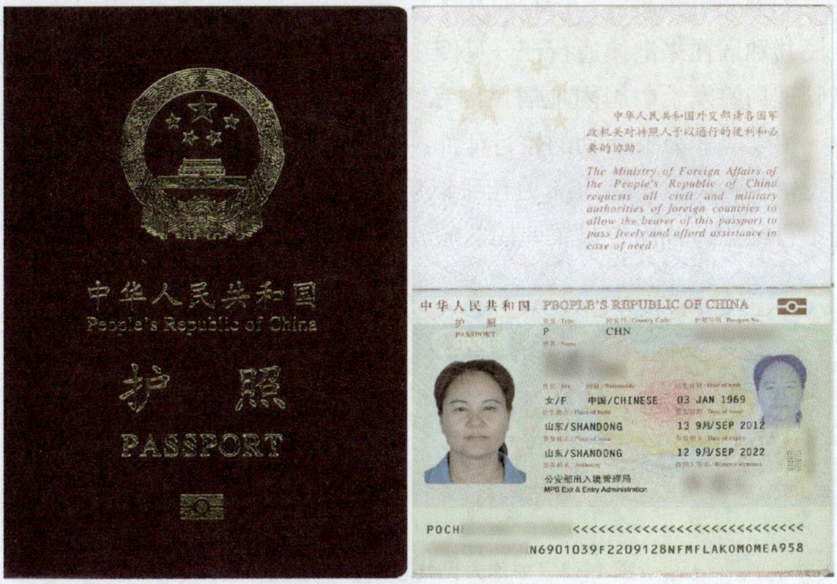

图 1-1 中华人民共和国护照

托香港中国旅行社签发，旅行证明一次有效，出境时由口岸边防检查站收回。

3. 大陆居民往来台湾通行证

大陆居民往来台湾通行证（见图 1-2）是大陆居民因私事前往台湾探亲、定居、访友、旅游、接受和处理财产、处理婚丧及其他私人事务，或应邀参加经济、文化、科技、体育、学术等活动，或参加会议、进行两岸事务性商谈采访，以及执行直航航运任务等使用的证件。

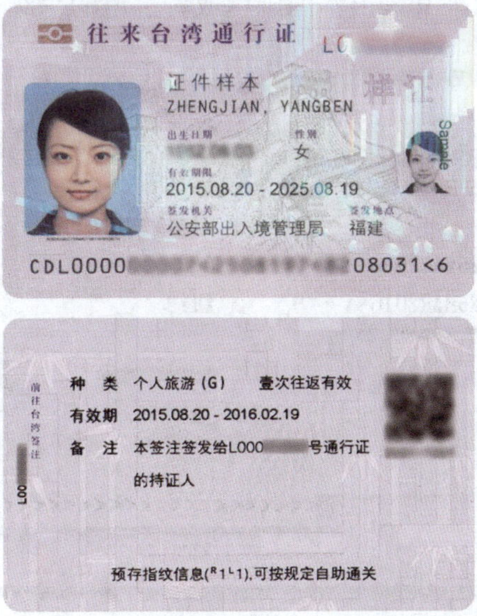

图 1-2 大陆居民往来台湾通行证

4. 港澳通行证和个人旅游签注（G）

中华人民共和国往来港澳通行证（见图 1－3），俗称双程证，是由中华人民共和国公安部出入境管理局签发给中国内地居民因私往来香港或澳门地区旅游、探亲，从事商务、培训、就业、留学等非公务活动的旅行证件。通行证分为个人旅游、团队旅游、探亲、商务、其他、逗留等种类。2017 年 8 月 1 日以后经所有口岸去香港、澳门的团队游的港澳通行证，已经不再经旅行社团签过关，团队旅游签也可直接过关。

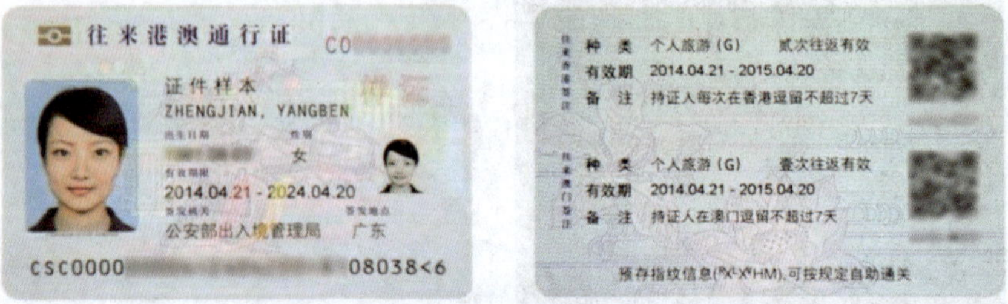

图 1－3 中华人民共和国往来港澳通行证

个人旅游签注（G）发给赴香港或澳门进行个人旅游的申请人。该签注分为三个月一次签注、三个月两次签注、一年一次签注、一年两次签注、一年多次签注（限深圳户籍居民，登记备案国家工作人员除外）五种。三个月一次签注、三个月两次签注、一年一次签注、一年两次签注，每次在香港或澳门停留时间不超过 7 天。一年多次签注，持证人每周一至周日仅可前往香港 1 次，每次在香港逗留不超过 7 天。

（二）签证

签证（见图 1－4 至图 1－7）是一国主管机关在本国或外国公民所持的护照或其他旅行证件上签注、盖印，表示准其入出本国国境或者过境的手续。华侨回国探亲、旅游无须办理签证。

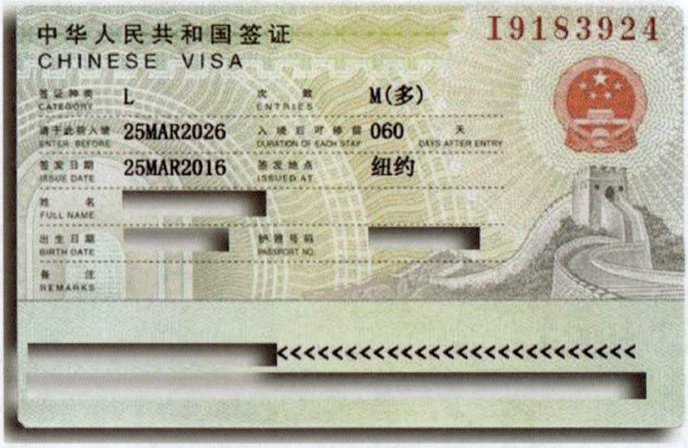

图 1－4 中华人民共和国旅游签证

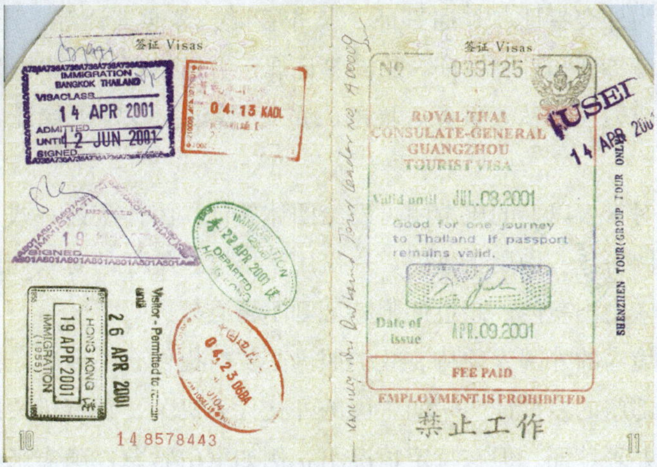

图 1-5　泰国签证

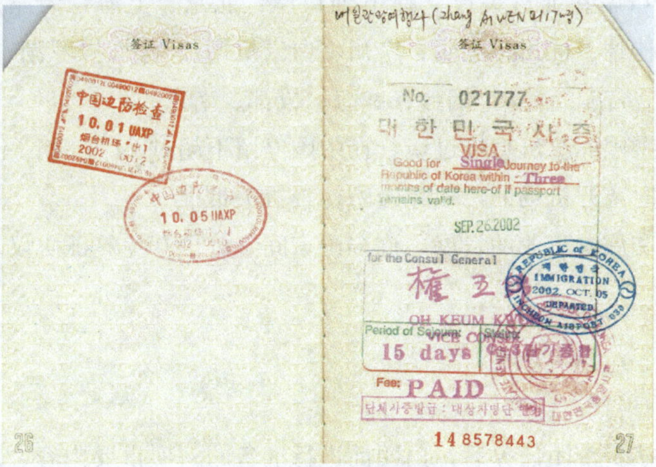

图 1-6　韩国签证

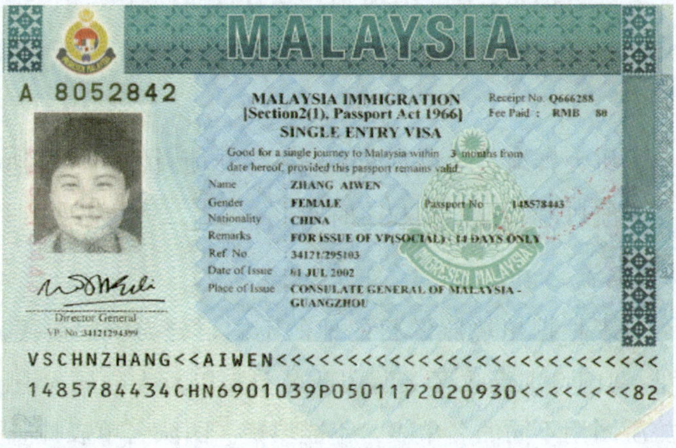

图 1-7　马来西亚签证

签证不仅可分为外交签证、礼遇签证、公务签证、普通签证等，还可分为入境签证、入出境签证、出入境签证和过境签证。旅游签证属于普通签证，在中国为L字签证（发给来中国旅游、探亲或因其他私人事务入境的人员）。签证上规定了持证者在中国停留的起止日期。

一般情况下，对9人以上的旅游团可发给团体签证。团体签证一式三份，签发机关留一份，来华旅游团两份，一份用于入境，一份用于出境。签证的有效期限不等，获签证者必须在有效期内进入中国境内，超过期限签证则不再有效。

希望进入中国境内的外国人须持有效护照（必要时提供有关证明，如来华游客申请签证须出示中国旅游部门的接待证明）向中国的外交代表机关、领事机关或者外交部授权的其他驻外机关申请办理签证。但在特定情况下，例如事由紧急，确实来不及在上述机关办理签证手续者，可向公安部授权的口岸签证机关申请办理签证。

公安部授权的口岸签证机关设立在下列口岸：北京、上海、天津、重庆、大连、福州、厦门、西安、桂林、杭州、昆明、广州（白云机场）、深圳（罗湖、蛇口）、珠海（拱北）、海口、三亚、济南、青岛、烟台、威海、成都、南京。

持联程客票搭乘国际航班直接过境，在中国停留不超过24小时、不出机场的外国人，免办签证。要求临时离开机场的，须经边防检查机关批准。

随着国际关系和旅游事业的发展，许多国家间签订了互免签证协议。

二、核对证件及相关事宜

（一）核对团员证件、签证

出境旅游领队接受带团任务后，出团前进行准备的一项重要内容，就是检查全体团员的旅游证件、签证，防止这些与旅行息息相关的证件出现错误。

护照检查重点是姓名、护照号码、签发地、签发日期、有效期、是否有本人签名几项内容；签证检查重点是签发日期、截止日期、签证号码几项内容。

（二）核对机票

机票核对重点是乘机人姓名、乘机日期、航班号几项内容。然后把机票信息和旅游行程进行对照，重点核对航班号、日期和起飞时间。

（三）核对团队名单表

出境旅游团队名单表根据出境旅游目的地的不同，分为中国公民出国旅游团队名单表、内地居民赴香港/澳门特别行政区旅游团队名单表以及大陆居民赴台湾地区旅游团队名单表三种。不同旅游团用不同的名单表，不能填错。团队名单表检查重点是信息是否和证件（护照或通行证）以及证件内的签证（签注）信息一致。

（四）核实其他事项

（1）检查全团的预防注射情况。

（2）查验境外住店分配名单中的住房分配情况。

（3）了解旅行社责任保险和团员旅游意外伤害保险的情况。

（4）商定出团说明会相关事宜。

在核对游客证件时，出境旅游领队还要与出境计调人员商定召开出团说明会的准确时间、地点以及具体内容。

任务实施

1. 布置任务

A旅行社组织了一个赴新马泰11天的旅游团，导领部王经理根据导领部派团状况，决定让张导任该旅游团领队。张导与导领部王经理、出境计调李小姐进行工作交接后，要求对移交的证件、签证及相关事项进行仔细核对。

为了顺利完成实训任务，任课教师为每组学生准备好需要核对的团队资料以及团队证件及相关事项核对情况表（见表1-5）。

表1-5　团队证件及相关事项核对情况表

团队名称：××× 团号：×××
领队姓名：××× 计调姓名：×××

序号	核对证件及相关事项名称	核对内容		核对情况说明
1	护照或其他旅行证件	□姓名 □签发地 □有效期	□护照号码 □签发日期 □本人签名	
2	签证	□签发日期 □签证号码	□截止日期	
3	机票	□乘机人姓名 □航班号	□乘机日期 □起飞时间	
4	出团名单表和护照以及护照内的签证信息一致	□是	□否	
5	检查全团的预防注射情况	□是	□否	
6	查验境外住店分配名单中的住房分配情况	□是	□否	
7	了解旅行社责任保险和团员旅游意外伤害保险情况	□是	□否	
8	商定出团说明会相关事宜	□是	□否	

出境计调签名：××× 出境领队签名：××× 核对日期：20××年××月××日

2. 执行任务

■ 实训条件

模拟旅行社实训室，15 个以上机位，装有旅行社管理实训平台，能上网，能发布和提交作业，能完成实训成果展示。如果暂时不具备以上条件，也可以在能上网的计算机房进行。

学生 4 人一组，分别担任计调部出境计调、出境旅游领队、导领部经理和实训助理。如果时间允许，每组成员可轮流扮演不同角色，重复实训内容，巩固实训效果。

■ 实训步骤

第一步，出境领队张导邀请导领部王经理及出境计调李小姐共同核对证件、签证及相关事项；

第二步，按照提供的团队证件及相关事项核对情况表中提供的项目名称和内容逐项核对；

第三步，如果出现不一致的地方或错误，在核对说明中进行说明；

第四步，核对完毕，出境旅游领队张导和出境计调李小姐分别签字留档。

3. 成果展示

实训任务完成后，每个小组用 PPT 展示团队证件及相关事项核对情况表以及实训过程（可插入实训助理录制的视频）。陈述时，小组中每位学生都要发言，发言主要阐述自己在实训中承担的角色以及完成的工作内容。每小组的展示及陈述，既要体现小组个人的作用，又要体现团体任务的完整性。

对本任务成果实行过程性评价，分小组自评、小组互评以及教师评价，分别占总成绩的 30%、30%、40%。

提升训练

如果在核对证件和签证的过程中，出境旅游领队发现团队中某一游客的护照的有效期即将到期，怎么办？

任务拓展

为了达到举一反三、巩固提高的目的，配合以上实训任务，给出 3 个拓展任务，任选其中一个作为课后训练任务。完成并成功提交的作品将计入平时成绩。

任务一

在旅行社实训平台上找一条日本游或韩国游实训线路，根据准备好的团队证件及相关事项核对情况表、证件、签证及相关材料，分组进行“核对出境证件及相关事宜”拓展训练。

任务二

找一家旅游网站，选择一条港澳旅游线路，根据线路自行准备团队证件及相关事项核对情况表、证件、签证及相关材料，分组进行“核对出境证件及相关事宜”拓展训练。

任务三

找一家校企合作旅行社，选择一条澳新旅游线路，根据线路向合作企业索要团队证件及相关事项核对情况表、证件、签证及相关材料，分组进行“核对出境证件及相关事宜”拓展训练。

任务三　开好出团说明会

任务导入

（1）角色分配与编组：本任务有出境旅游领队、团长、游客 3 个角色。建议 3～4 名学生为一组完成“开好出团说明会”的学习，每名学生轮流担任不同角色。

（2）在教师的指导或安排下，每组进行“召开出团说明会”的实训。

（3）填写出团说明会记录表，并对未尽事宜进行备注。

知识准备

在办理好护照、签证、机票等有关手续后，出境旅游领队要召集本团队游客开一次出团说明会，召集时间要根据签证和机票等的办理落实情况而定，一般定于出团前一天至一周内（现在也有不少出境领队于出团当天在出境口岸临时召开出团说明会）。由于出境旅游领队要针对团队的行程、注意事项等讲很多与出团相关的重要事情，因而出团说明会要求每一位参团游客都参加。

一、出团说明会的内容

（1）首先代表旅行社对游客表示欢迎。

（2）向游客发放出境旅游行程表、旅游服务质量评价表、团队标识等。对旅游行程进行说明（包括出境、入境手续与注意事项，以及旅游目的地的旅游日程）。

（3）介绍旅游目的地国家（地区）的基本情况、风俗习惯和相关的法律法规，向游客讲明注意事项。

（4）向游客分发《中国公民出境旅游文明行为指南》，介绍游客在境外常见的不文明行为，对本团游客文明行为提出具体要求。

知识链接

《中国公民出境旅游文明行为指南》

中国公民，出境旅游，注重礼仪，保持尊严。
讲究卫生，爱护环境；衣着得体，请勿喧哗。
尊老爱幼，助人为乐；女士优先，礼貌谦让。
出行办事，遵守时间；排队有序，不越黄线。
文明住宿，不损用品；安静用餐，请勿浪费。
健康娱乐，有益身心；赌博色情，坚决拒绝。
参观游览，遵守规定；习俗禁忌，切勿冒犯。
遇有疑难，咨询领馆；文明出行，一路平安。

中央文明办　国家旅游局
2006 年 10 月 2 日

(5) 告知外币兑换与手续。出境旅游领队在出团说明会上要告知游客旅游目的地所使用的外币名称、单位，与人民币、美元、欧元等货币之间的汇率，并告知在银行、酒店或专门的找换行可以办理货币兑换。用不完的货币可以凭兑换单据（“水单”）到指定的银行或机构换回原来的货币。

(6) 公布分房名单（见表 1-6）。一般情况下为双人标间，男女分开住。家庭成员可以申请男女合住，如夫妻、父亲与未成年女儿、母亲与未成年儿子等。出现单男单女可以安排三人间或以加床的方式解决，但要提前做好游客工作。

表 1-6　　旅行社分房名单表

团队名称：×××　　团号：×××
领队姓名：×××　　计调姓名：×××

游览日期		01/10	02/10	03/10	04/10	05/10	06/10	07/10	备注
住宿酒店									
游客姓名		房间号	房间号	房间号	房间号	房间号	房间号	房间号	

游客代表签名：×××　　出境领队签名：×××　　日期：20××年××月××日

（7）向游客详细说明各种不可抗力或不可控因素导致组团社不能（完全）履行约定的情况，以取得游客的谅解。

二、出国说明会注意事项

（1）要体现出境旅游领队的精神风貌。出境旅游领队面对游客的第一次亮相，应该以整洁的着装、良好的精神面貌出现。要落落大方主动介绍自己，给游客以信心。

（2）要以礼貌语言亮相。讲话要以感谢游客参团开始，最后以感谢游客结束，以礼貌语言贯穿，并希望游客能支持自己的工作。

（3）着重强调时间。出境旅游领队在讲话中需要着重强调时间，尤其是出发的时间，并要确认每一位游客都已经明白无误。

（4）将自己的手机号码告诉游客。出境旅游领队务必将手机号码告诉游客，以便游客和自己联系。出境旅游领队应在会上将自己的名片发给游客，使游客能尽快熟悉自己。

任务实施

1. 布置任务

A 旅行社组织了一个赴新马泰 11 天的旅游团，导领部王经理根据导领部派团状况，决定让张导任该旅游团领队，并要求张导提前给该团召开一个出团说明会。

为了能顺利完成实训任务，任课教师为每组学生准备好出团说明会记录表（见表 1－7）、最终确定的新马泰旅游行程表、分房名单表、《中国公民出境旅游文明行为指南》等出团说明会需要的资料。

表 1－7　　出团说明会记录表

线路名称：×××　　团号：×××
召开时间：20××年××月××日　　召开地点：×××
参加人数：×××　　主持人姓名：×××

序号	说明会内容	记录情况	相关说明
1	致欢迎辞	□致欢迎辞　□未致欢迎辞	
2	向游客发放并介绍出境旅游行程表	□发放　□讲解 □回答问题	
3	发放并介绍旅游服务质量评价表	□发放　□做说明	
4	发放团队标识及相关物品	□发放　□做说明	
5	介绍旅游目的地基本情况、风俗习惯和相关的法律法规，讲明注意事项	□介绍　□未介绍 □回答问题	
6	向游客分发《中国公民出境旅游文明行为指南》	□分发　□介绍 □提要求	
7	公布分房名单	□公布　□未公布 □解决个别游客要求	

续前表

序号	说明会内容	记录情况		相关说明
8	向游客详细说明各种不可抗力、不可控因素	□说明	□未说明	
9	强调时间和纪律	□强调	□未强调	
10	告知游客紧急联系办法	□告知	□未告知	

游客代表签名：××× 出境领队签名：××× 日期：20××年××月××日

2. 执行任务

■ 实训条件

模拟旅行社实训室，15个以上机位，装有旅行社管理实训平台，能上网，能发布和提交作业，能完成实训成果展示。如果暂时不具备以上条件，也可以在能上网的计算机房进行。

学生4人一组，分别担任出境旅游领队、团长、游客和实训助理。如果时间允许，每组成员可轮流扮演不同角色，重复实训内容，巩固实训效果。

■ 实训步骤

第一步，出境领队张导准备好出团说明会资料，召集并主持出团说明会；

第二步，根据出团说明会记录表所列内容发放出团资料并做解释说明，回答游客、团长提问；

第三步，根据出团说明会召开实际情况如实填写出团说明会记录表；

第四步，出境领队张导与游客、团长核实出团说明会记录表所填内容，分别签字留档。

3. 成果展示

实训任务完成后，每个小组用PPT展示出团说明会记录表、分房名单表以及实训过程（可插入实训助理录制的视频）。陈述时，小组中每位学生都要发言，发言主要阐述自己在实训中承担的角色以及所完成的工作内容。每小组的展示及陈述，既要体现小组个人的作用，又要体现团体任务的完整性。

对本任务成果实行过程性评价，分小组自评、小组互评以及教师评价，分别占总成绩的30%、30%、40%。

提升训练

如果在召开出团说明会的过程中，有重要游客（如团长）因故未能参加，你作为出境旅游领队，可以考虑采取什么补救措施？

任务拓展

为了达到举一反三、巩固提高的目的，配合以上实训任务，给出3个拓展任务，任选其中一个作为课后训练任务。完成并成功提交的作品将计入平时成绩。

任务一

在旅行社实训平台上找一条日本游或韩国游实训线路，根据准备好的出团说明会记录表、分房名单表及其他相关材料，分组进行“开好出团说明会”拓展训练。

任务二

找一家旅游网站，选择一条港澳旅游线路，根据线路自行准备出团说明会记录表、分房名单表及其他相关材料，分组进行“开好出团说明会”拓展训练。

任务三

找一家校企合作旅行社，选择一条澳新游线路，根据线路向合作企业索要出团说明会记录表、分房名单表及其他相关材料，分组进行“开好出团说明会”拓展训练。

任务四　填写入出境登记卡

任务导入

(1) 角色分配与编组：本任务有出境旅游领队、出境计调、送签人员和票务人员 4 个角色。建议 4～5 名学生为一组完成“填写入出境登记卡”的学习，每名学生轮流担任不同角色。

(2) 在教师的指导或安排下，每组进行入出境登记卡的填写。

(3) 展示入出境登记卡填写信息，并分享填写经验。

知识准备

我国的出境旅游大多以团队形式、在出境旅游领队的带领下进行。游客在过边检（移民）柜台时，除了查验护照、签证和机票外，还要查验入出境登记卡。为了能够迅速、便捷通关，旅行社会提前组织出境旅游领队、计调、票务、送签人员等为游客预先填写好入出境登记卡，和机票一起夹在护照里，过关时一并呈送给边检（移民）官员查验。

入出境登记卡分为入境登记卡（Arrival Card）和出境登记卡（Departure Card）两部分，两张卡连在一起，也有分开的。一般来说，入境登记卡填写的信息较为详细，出境登记卡填写的信息相对简单。基本信息包括：姓（Family Name）、名（Given Names）、出生日期（Date of Birth）、性别（Sex）、国籍（Nationality）、护照号码（Passport No.）、签证号码（Visa No.）、签证地点（Place of Visa Issuance）、航班号（Flight No.）、来自何处（From）、下榻地址（Intended Address）、入境事由（Your Main Reason for Coming to...）、签名（Signature）等。不同国家（地区）的入出境登记卡的英文表示法略有不同。

填写入出境登记卡时，要依据已经核实的护照、签证、机票以及旅游行程表中的信息如实填写。如填写信息有出入，会给游客过关造成不便，从而影响整个旅游行程，也可能招致游客投诉。如今，有些国家（地区）为了方便游客通关，省略了填写入出境登记卡的环节，出境旅游领队在出发前应多做了解。

一、中国入境登记卡

（一）中国大陆入境登记卡

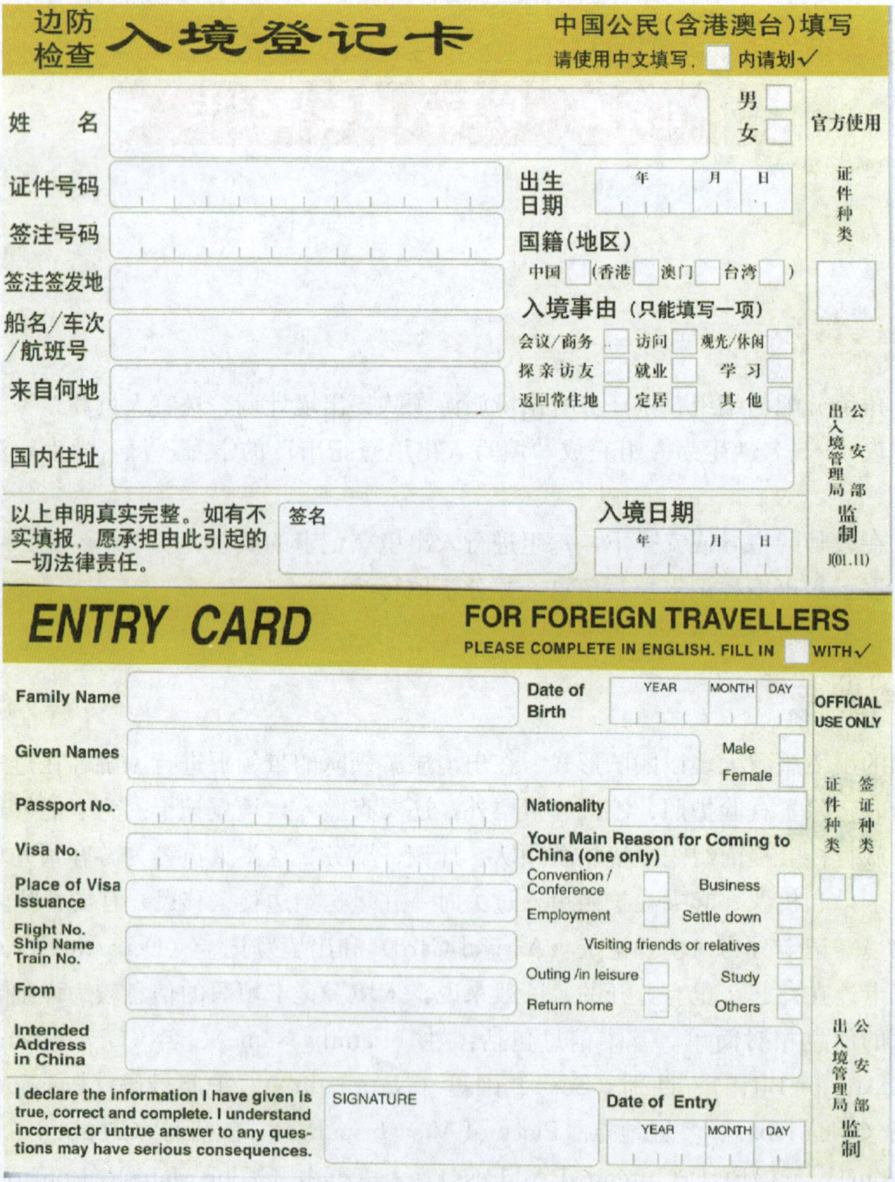

边防检查 入境登记卡

中国公民（含港澳台）填写 请使用中文填写，□内请划✓

姓名 男□ 女□ 官方使用

证件号码 出生日期 年 月 日 证件种类

签注号码 国籍（地区）

签注签发地 中国□（香港□ 澳门□ 台湾□）

船名/车次/航班号 入境事由（只能填写一项）

会议/商务□ 访问□ 观光/休闲□

来自何地 探亲访友□ 就业□ 学习□

返回常住地□ 定居□ 其他□

国内住址 公安部出入境管理局监制

以上申明真实完整。如有不实填报，愿承担由此引起的一切法律责任。 签名 入境日期 年 月 日 J(01.11)

ENTRY CARD FOR FOREIGN TRAVELLERS

PLEASE COMPLETE IN ENGLISH. FILL IN □ WITH ✓

Family Name | Date of Birth YEAR MONTH DAY | OFFICIAL USE ONLY

Given Names | Male □ Female □ | 证件种类 签证种类

Passport No. | Nationality

Visa No. | Your Main Reason for Coming to China (one only)

Place of Visa Issuance | Convention / Conference □ Business □

Flight No. Ship Name Train No. | Employment □ Settle down □ Visiting friends or relatives □

From | Outing /in leisure □ Study □ Return home □ Others □

Intended Address in China | 公安部出入境管理局监制

I declare the information I have given is true, correct and complete. I understand incorrect or untrue answer to any questions may have serious consequences. | SIGNATURE | Date of Entry YEAR MONTH DAY

图 1-8 中国大陆入境登记卡

（二）中国香港入境登记卡

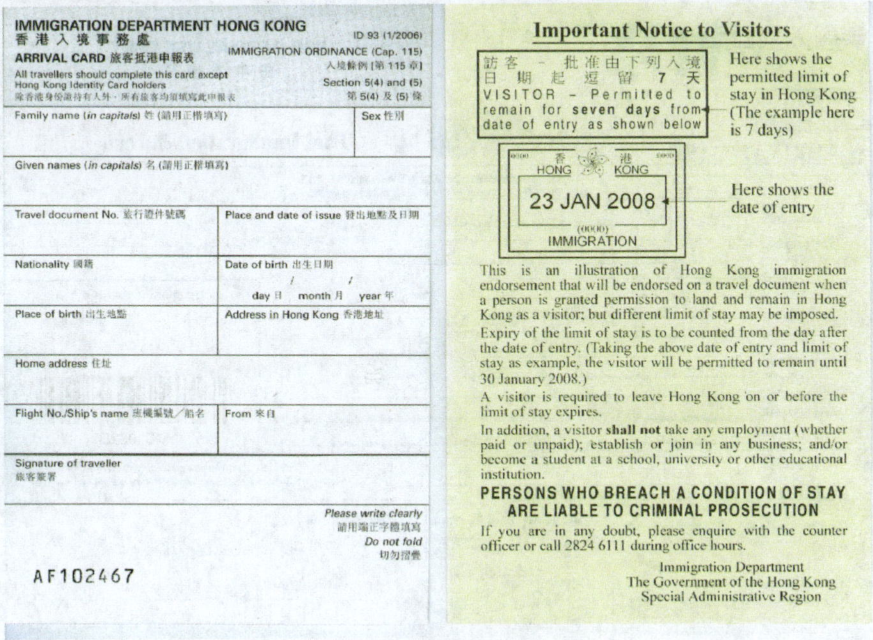

IMMIGRATION DEPARTMENT HONG KONG
香港入境事務處
ID 93 (1/2006)
ARRIVAL CARD 旅客抵港申報表
IMMIGRATION ORDINANCE (Cap. 115)
入境條例［第 115 章］
All travellers should complete this card except Hong Kong Identity Card holders
除香港身份證持有人外，所有旅客均須填寫此申報表
Section 5(4) and (5)
第 5(4) 及 (5) 條

Family name (*in capitals*) 姓（請用正楷填寫）
Sex 性別
Given names (*in capitals*) 名（請用正楷填寫）
Travel document No. 旅行證件號碼
Place and date of issue 簽出地點及日期
Nationality 國籍
Date of birth 出生日期　day 日 / month 月 / year 年
Place of birth 出生地點
Address in Hong Kong 香港地址
Home address 住址
Flight No./Ship's name 班機編號／船名
From 來自
Signature of traveller 旅客簽署

Please write clearly 請用端正字體填寫
Do not fold 切勿摺疊

AF102467

Important Notice to Visitors

訪客 － 批准由下列入境日期起逗留 7 天
VISITOR – Permitted to remain for **seven days** from date of entry as shown below

Here shows the permitted limit of stay in Hong Kong (The example here is 7 days)

香港 HONG KONG
23 JAN 2008
(0000)
IMMIGRATION

Here shows the date of entry

This is an illustration of Hong Kong immigration endorsement that will be endorsed on a travel document when a person is granted permission to land and remain in Hong Kong as a visitor; but different limit of stay may be imposed.

Expiry of the limit of stay is to be counted from the day after the date of entry. (Taking the above date of entry and limit of stay as example, the visitor will be permitted to remain until 30 January 2008.)

A visitor is required to leave Hong Kong on or before the limit of stay expires.

In addition, a visitor **shall not** take any employment (whether paid or unpaid); establish or join in any business; and/or become a student at a school, university or other educational institution.

PERSONS WHO BREACH A CONDITION OF STAY ARE LIABLE TO CRIMINAL PROSECUTION

If you are in any doubt, please enquire with the counter officer or call 2824 6111 during office hours.

Immigration Department
The Government of the Hong Kong Special Administrative Region

图 1－9　中国香港入境登记卡

（三）中国澳门入境登记卡

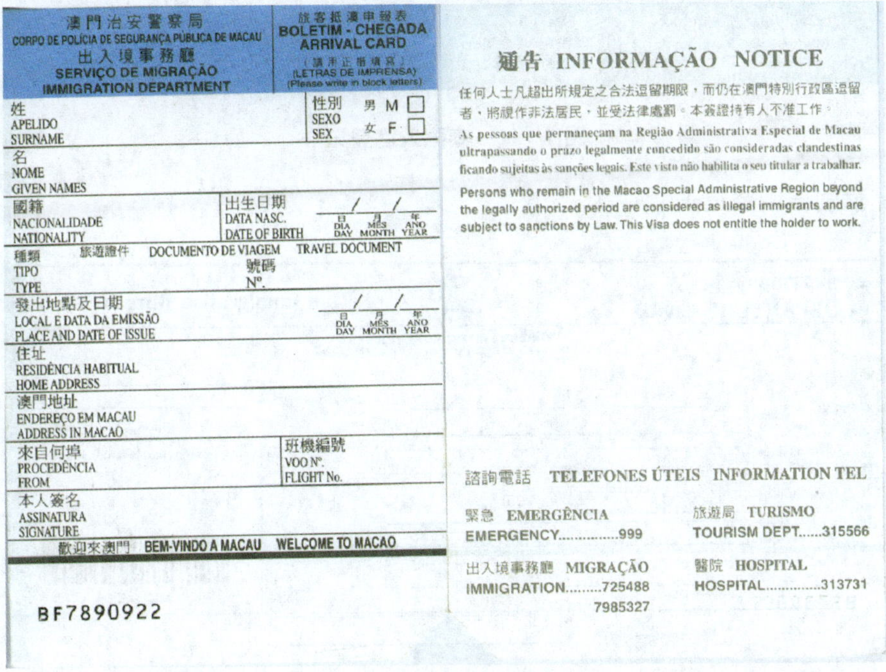

澳門治安警察局
CORPO DE POLÍCIA DE SEGURANÇA PÚBLICA DE MACAU
出入境事務廳
SERVIÇO DE MIGRAÇÃO
IMMIGRATION DEPARTMENT

旅客抵澳申報表
BOLETIM - CHEGADA
ARRIVAL CARD
（請用正楷填寫）
(LETRAS DE IMPRENSA)
(Please write in block letters)

姓 APELIDO SURNAME
性別 SEXO SEX　男 M □　女 F □
名 NOME GIVEN NAMES
國籍 NACIONALIDADE NATIONALITY
出生日期 DATA NASC. DATE OF BIRTH　日 DIA DAY / 月 MÊS MONTH / 年 ANO YEAR
種類 TIPO TYPE　旅遊證件 DOCUMENTO DE VIAGEM TRAVEL DOCUMENT　號碼 Nº.
發出地點及日期 LOCAL E DATA DA EMISSÃO PLACE AND DATE OF ISSUE　日 DIA DAY / 月 MÊS MONTH / 年 ANO YEAR
住址 RESIDÊNCIA HABITUAL HOME ADDRESS
澳門地址 ENDEREÇO EM MACAU ADDRESS IN MACAO
來自何埠 PROCEDÊNCIA FROM
班機編號 VOO Nº. FLIGHT No.
本人簽名 ASSINATURA SIGNATURE
歡迎來澳門　BEM-VINDO A MACAU　WELCOME TO MACAO

BF7890922

通告 INFORMAÇÃO NOTICE

任何人士凡超出所規定之合法逗留期限，而仍在澳門特別行政區逗留者，將視作非法居民，並受法律處罰。本簽證持有人不准工作。

As pessoas que permaneçam na Região Administrativa Especial de Macau ultrapassando o prazo legalmente concedido são consideradas clandestinas ficando sujeitas às sanções legais. Este visto não habilita o seu titular a trabalhar.

Persons who remain in the Macao Special Administrative Region beyond the legally authorized period are considered as illegal immigrants and are subject to sanctions by Law. This Visa does not entitle the holder to work.

諮詢電話　TELEFONES ÚTEIS　INFORMATION TEL

緊急　EMERGÊNCIA
EMERGENCY..............999

旅遊局　TURISMO
TOURISM DEPT......315566

出入境事務廳　MIGRAÇÃO
IMMIGRATION.........725488
7985327

醫院　HOSPITAL
HOSPITAL..............313731

图 1－10　中国澳门入境登记卡

二、泰国入出境登记卡

（一）泰国入境登记卡

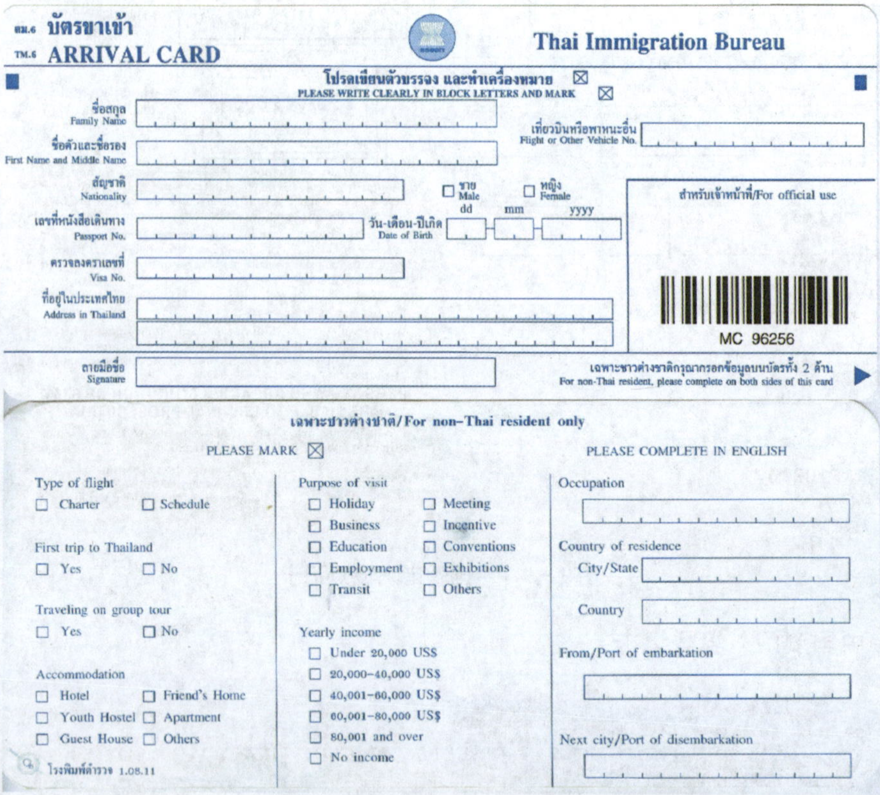
ตม.6 บัตรขาเข้า
TM.6 ARRIVAL CARD
Thai Immigration Bureau
โปรดเขียนตัวบรรจง และทำเครื่องหมาย ☒
PLEASE WRITE CLEARLY IN BLOCK LETTERS AND MARK ☒
ชื่อสกุล Family Name
ชื่อตัวและชื่อรอง First Name and Middle Name
เที่ยวบินหรือพาหนะอื่น Flight or Other Vehicle No.
สัญชาติ Nationality
☐ ชาย Male ☐ หญิง Female
สำหรับเจ้าหน้าที่/For official use
เลขที่หนังสือเดินทาง Passport No.
วัน-เดือน-ปีเกิด Date of Birth dd mm yyyy
ตรวจลงตราเลขที่ Visa No.
ที่อยู่ในประเทศไทย Address in Thailand
MC 96256
ลายมือชื่อ Signature
เฉพาะชาวต่างชาติกรุณากรอกข้อมูลบนบัตรทั้ง 2 ด้าน
For non-Thai resident, please complete on both sides of this card

เฉพาะชาวต่างชาติ/For non-Thai resident only
PLEASE MARK ☒
PLEASE COMPLETE IN ENGLISH

Type of flight
☐ Charter ☐ Schedule

First trip to Thailand
☐ Yes ☐ No

Traveling on group tour
☐ Yes ☐ No

Accommodation
☐ Hotel ☐ Friend's Home
☐ Youth Hostel ☐ Apartment
☐ Guest House ☐ Others

Purpose of visit
☐ Holiday ☐ Meeting
☐ Business ☐ Incentive
☐ Education ☐ Conventions
☐ Employment ☐ Exhibitions
☐ Transit ☐ Others

Yearly income
☐ Under 20,000 US$
☐ 20,000-40,000 US$
☐ 40,001-60,000 US$
☐ 60,001-80,000 US$
☐ 80,001 and over
☐ No income

Occupation

Country of residence
City/State
Country

From/Port of embarkation

Next city/Port of disembarkation

โรงพิมพ์ตำรวจ 1.08.11

图 1－11　泰国入境登记卡

（二）泰国出境登记卡

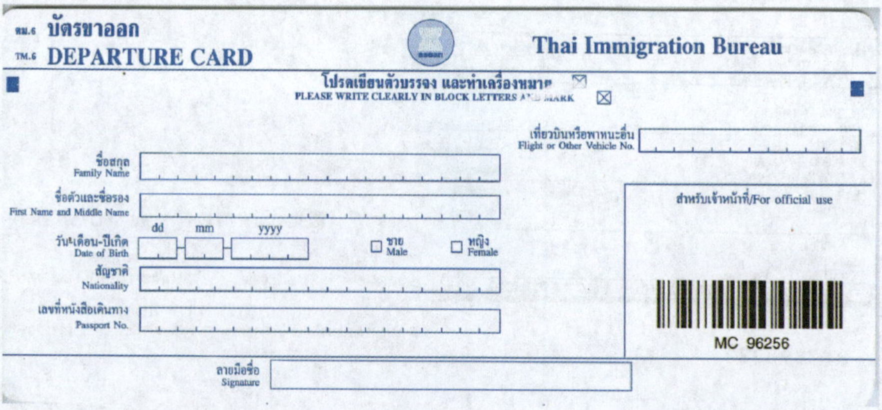
ตม.6 บัตรขาออก
TM.6 DEPARTURE CARD
Thai Immigration Bureau
โปรดเขียนตัวบรรจง และทำเครื่องหมาย ☒
PLEASE WRITE CLEARLY IN BLOCK LETTERS AND MARK ☒
เที่ยวบินหรือพาหนะอื่น Flight or Other Vehicle No.
ชื่อสกุล Family Name
ชื่อตัวและชื่อรอง First Name and Middle Name
สำหรับเจ้าหน้าที่/For official use
วัน-เดือน-ปีเกิด Date of Birth dd mm yyyy
☐ ชาย Male ☐ หญิง Female
สัญชาติ Nationality
เลขที่หนังสือเดินทาง Passport No.
MC 96256
ลายมือชื่อ Signature

图 1－12　泰国出境登记卡

三、新加坡入出境登记卡

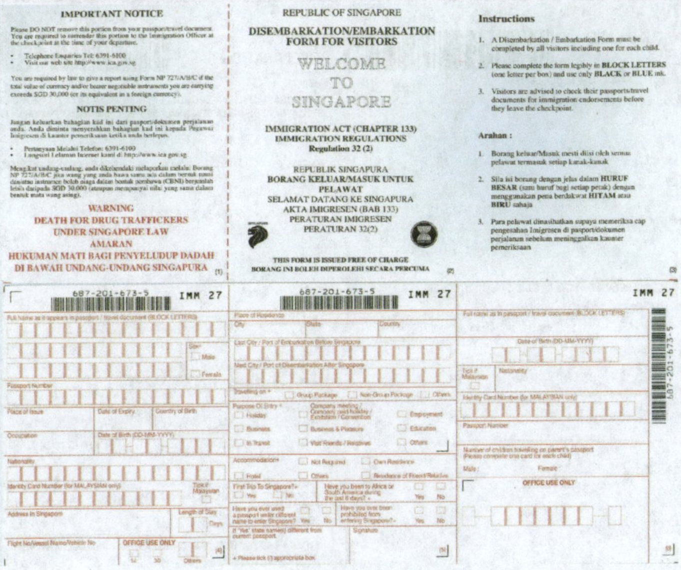
IMPORTANT NOTICE

Please DO NOT remove this portion from your passport/travel document. You are required to surrender this portion to the Immigration Officer at the checkpoint at the time of your departure.

- Telephone Enquiries Tel: 6391-6100
- Visit our web site http://www.ica.gov.sg

You are required by law to give a report using Form NP 727/A/B/C if the total value of currency and/or bearer negotiable instruments you are carrying exceeds SGD 30,000 (or its equivalent in a foreign currency).

NOTIS PENTING

Jangan keluarkan bahagian kad ini dari pasport/dokumen perjalanan anda. Anda diminta menyerahkan bahagian kad ini kepada Pegawai Imigresen di kaunter pemeriksaan ketika anda berlepas.

- Pertanyaan Melalui Telefon: 6391-6100
- Lungsuri Lelaman Internet kami di http://www.ica.gov.sg

Mengikut undang-undang, anda dikehendaki melaporkan melalui Borang NP 727/A/B/C jika wang yang anda bawa sama ada dalam bentuk tunai dan/atau instrumen boleh niaga dalam bentuk pembawa (CBNI) berjumlah lebih daripada SGD 30,000 (ataupun mempunyai nilai yang sama dalam bentuk mata wang asing).

WARNING
DEATH FOR DRUG TRAFFICKERS
UNDER SINGAPORE LAW
AMARAN
HUKUMAN MATI BAGI PENYELUDUP DADAH
DI BAWAH UNDANG-UNDANG SINGAPURA (1)

REPUBLIC OF SINGAPORE
DISEMBARKATION/EMBARKATION
FORM FOR VISITORS
WELCOME
TO
SINGAPORE
IMMIGRATION ACT (CHAPTER 133)
IMMIGRATION REGULATIONS
Regulation 32 (2)
REPUBLIK SINGAPURA
BORANG KELUAR/MASUK UNTUK
PELAWAT
SELAMAT DATANG KE SINGAPURA
AKTA IMIGRESEN (BAB 133)
PERATURAN IMIGRESEN
PERATURAN 32(2)
THIS FORM IS ISSUED FREE OF CHARGE
BORANG INI BOLEH DIPEROLEHI SECARA PERCUMA (2)

Instructions

1. A Disembarkation / Embarkation Form must be completed by all visitors including one for each child.
2. Please complete the form legibly in BLOCK LETTERS (one letter per box) and use only BLACK or BLUE ink.
3. Visitors are advised to check their passports/travel documents for immigration endorsements before they leave the checkpoint.

Arahan :

1. Borang keluar/Masuk mesti diisi oleh semua pelawat termasuk setiap kanak-kanak
2. Sila isi borang dengan jelas dalam HURUF BESAR (satu huruf bagi setiap petak) dengan menggunakan pena berdakwat HITAM atau BIRU sahaja
3. Para pelawat dinasihatkan supaya memeriksa cap pengesahan Imigresen di pasport/dokumen perjalanan sebelum meninggalkan kaunter pemeriksaan (3)

687-201-673-5 IMM 27　687-201-673-5 IMM 27　IMM 27

图 1 - 13　新加坡入出境登记卡

四、马来西亚入出境登记卡

（一）马来西亚入境登记卡

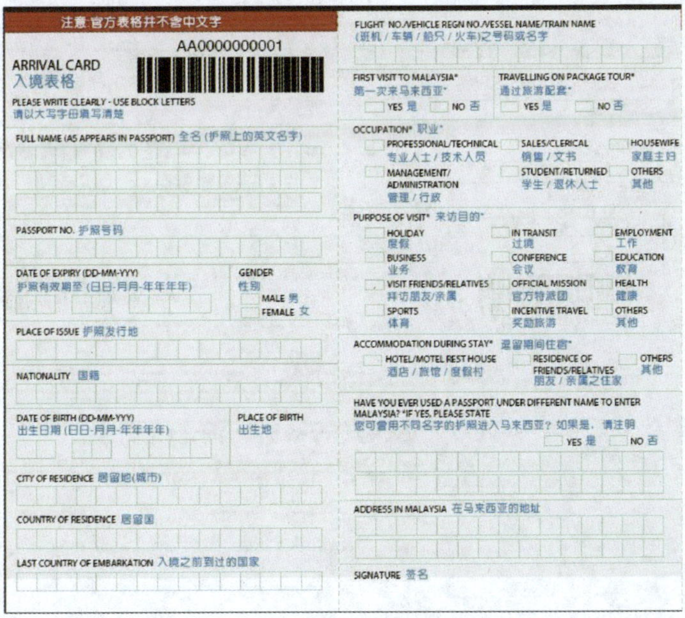
注意 官方表格并不含中文字

AA0000000001

ARRIVAL CARD
入境表格

PLEASE WRITE CLEARLY - USE BLOCK LETTERS
请以大写字母填写清楚

FULL NAME (AS APPEARS IN PASSPORT) 全名（护照上的英文名字）

PASSPORT NO. 护照号码

DATE OF EXPIRY (DD-MM-YYY) 护照有效期至（日日-月月-年年年年）

GENDER 性别　MALE 男　FEMALE 女

PLACE OF ISSUE 护照发行地

NATIONALITY 国籍

DATE OF BIRTH (DD-MM-YYY) 出生日期（日日-月月-年年年年）

PLACE OF BIRTH 出生地

CITY OF RESIDENCE 居留地（城市）

COUNTRY OF RESIDENCE 居留国

LAST COUNTRY OF EMBARKATION 入境之前到过的国家

FLIGHT NO./VEHICLE REGN NO./VESSEL NAME/TRAIN NAME
（班机/车辆/船只/火车）之号码或名字

FIRST VISIT TO MALAYSIA* 第一次来马来西亚*　YES 是　NO 否

TRAVELLING ON PACKAGE TOUR* 通过旅游配套*　YES 是　NO 否

OCCUPATION* 职业*
PROFESSIONAL/TECHNICAL 专业人士/技术人员　SALES/CLERICAL 销售/文书　HOUSEWIFE 家庭主妇
MANAGEMENT/ADMINISTRATION 管理/行政　STUDENT/RETURNED 学生/退休人士　OTHERS 其他

PURPOSE OF VISIT* 来访目的*
HOLIDAY 度假　IN TRANSIT 过境　EMPLOYMENT 工作
BUSINESS 业务　CONFERENCE 会议　EDUCATION 教育
VISIT FRIENDS/RELATIVES 拜访朋友/亲属　OFFICIAL MISSION 官方特派团　HEALTH 健康
SPORTS 体育　INCENTIVE TRAVEL 奖励旅游　OTHERS 其他

ACCOMMODATION DURING STAY* 逗留期间住宿*
HOTEL/MOTEL REST HOUSE 酒店/旅馆/度假村　RESIDENCE OF FRIENDS/RELATIVES 朋友/亲属之住家　OTHERS 其他

HAVE YOU EVER USED A PASSPORT UNDER DIFFERENT NAME TO ENTER MALAYSIA? *IF YES, PLEASE STATE
您可曾用不同名字的护照进入马来西亚？如果是，请注明
YES 是　NO 否

ADDRESS IN MALAYSIA 在马来西亚的地址

SIGNATURE 签名

图 1 - 14　马来西亚入境登记卡

（二）马来西亚出境登记卡

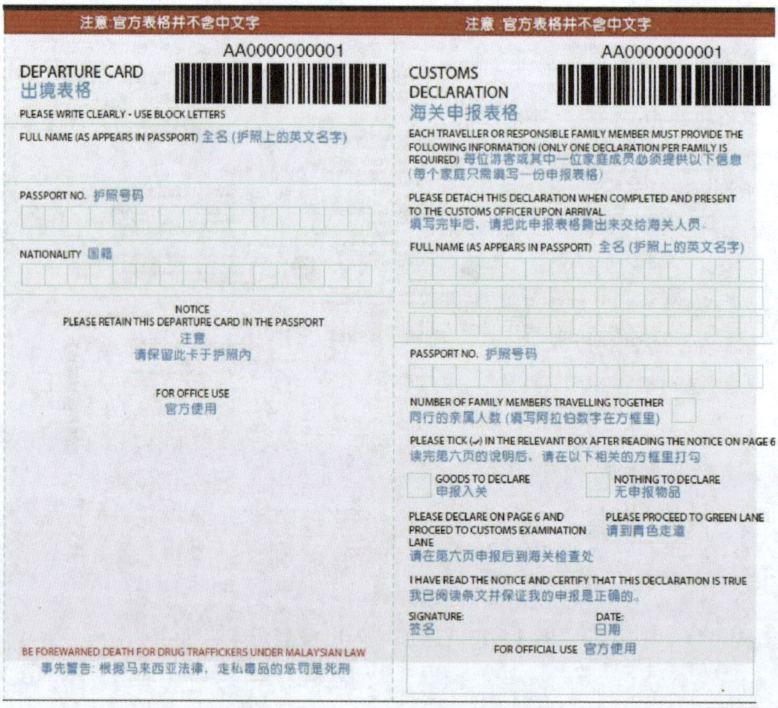
注意:官方表格并不含中文字

AA0000000001

DEPARTURE CARD
出境表格

PLEASE WRITE CLEARLY - USE BLOCK LETTERS

FULL NAME (AS APPEARS IN PASSPORT) 全名（护照上的英文名字）

PASSPORT NO. 护照号码

NATIONALITY 国籍

NOTICE
PLEASE RETAIN THIS DEPARTURE CARD IN THE PASSPORT
注意
请保留此卡于护照内

FOR OFFICE USE
官方使用

BE FOREWARNED DEATH FOR DRUG TRAFFICKERS UNDER MALAYSIAN LAW
事先警告：根据马来西亚法律，走私毒品的惩罚是死刑

注意:官方表格并不含中文字

AA0000000001

CUSTOMS DECLARATION
海关申报表格

EACH TRAVELLER OR RESPONSIBLE FAMILY MEMBER MUST PROVIDE THE FOLLOWING INFORMATION (ONLY ONE DECLARATION PER FAMILY IS REQUIRED) 每位游客或其中一位家庭成员必须提供以下信息（每个家庭只需填写一份申报表格）

PLEASE DETACH THIS DECLARATION WHEN COMPLETED AND PRESENT TO THE CUSTOMS OFFICER UPON ARRIVAL
填写完毕后，请把此申报表格撕出来交给海关人员

FULL NAME (AS APPEARS IN PASSPORT) 全名（护照上的英文名字）

PASSPORT NO. 护照号码

NUMBER OF FAMILY MEMBERS TRAVELLING TOGETHER
同行的亲属人数（填写阿拉伯数字在方框里）

PLEASE TICK (✓) IN THE RELEVANT BOX AFTER READING THE NOTICE ON PAGE 6
读完第六页的说明后，请在以下相关的方框里打勾

GOODS TO DECLARE
申报入关

NOTHING TO DECLARE
无申报物品

PLEASE DECLARE ON PAGE 6 AND PROCEED TO CUSTOMS EXAMINATION LANE
请在第六页申报后到海关检查处

PLEASE PROCEED TO GREEN LANE
请到青色走道

I HAVE READ THE NOTICE AND CERTIFY THAT THIS DECLARATION IS TRUE
我已阅读条文并保证我的申报是正确的。

SIGNATURE:
签名

DATE:
日期

FOR OFFICIAL USE 官方使用

图 1－15　马来西亚出境登记卡

五、日本入出境登记卡

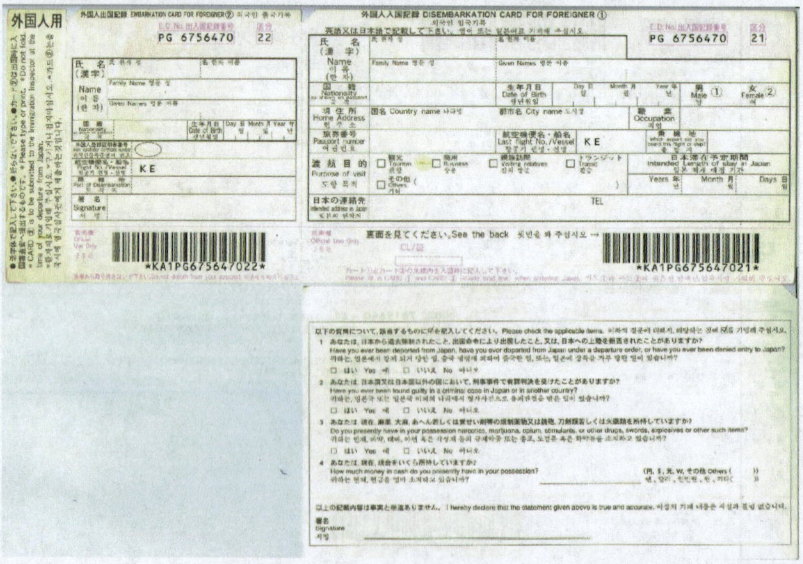

图 1－16　日本入出境登记卡

六、韩国入出境登记卡

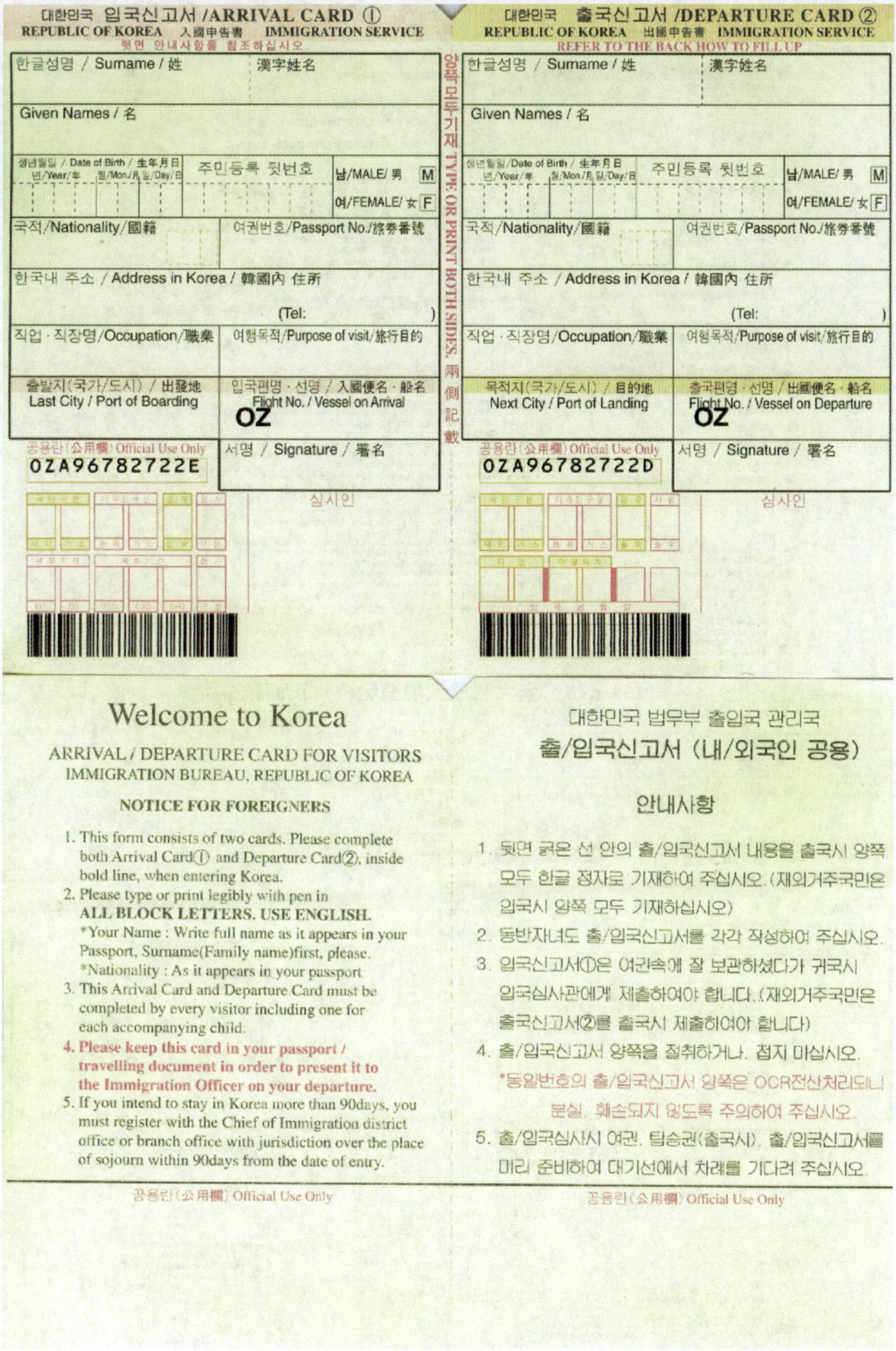

图 1－17 韩国入出境登记卡

七、澳大利亚入出境登记卡

（一）澳大利亚入境登记卡

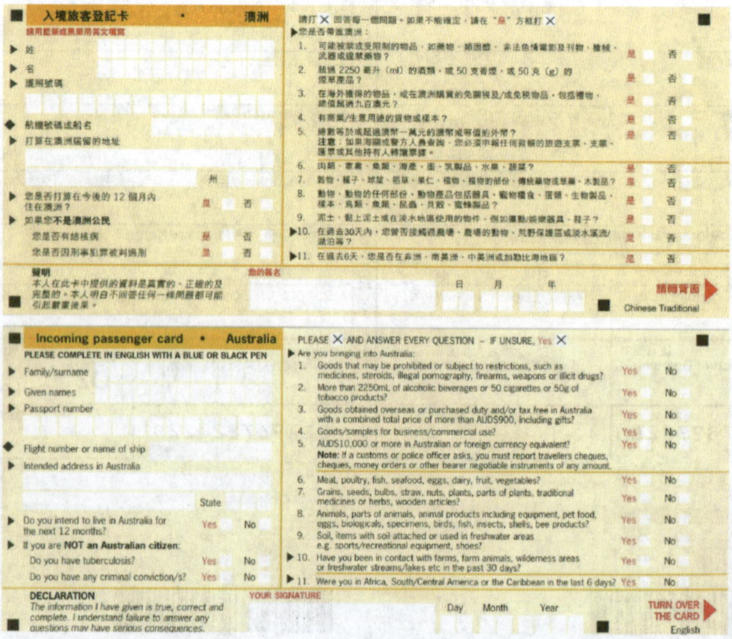

入境旅客登記卡 • 澳洲
請用藍筆或黑筆用英文填寫
▶ 姓
▶ 名
▶ 護照號碼
◆ 航機號碼或船名
▶ 打算在澳洲居留的地址
州
▶ 您是否打算在今後的 12 個月內住在澳洲？ 是 否
▶ 如果您不是澳洲公民
您是否有結核病 是 否
您是否因刑事犯罪被判過刑 是 否

請打 X 回答每一個問題。如果不能確定，請在"是"方框打 X
▶您是否帶進澳洲：
1. 可能被禁或受限制的物品，如藥物、類固醇、非法色情電影及刊物、槍械、武器或違禁藥物？ 是 否
2. 超過 2250 毫升（ml）的酒類，或 50 支香煙，或 50 克（g）的煙草產品？ 是 否
3. 在海外獲得的物品，或在澳洲購買的免關稅及/或免稅物品，包括禮物，總值超過九百澳元？ 是 否
4. 有商業/生意用途的貨物或樣本？ 是 否
5. 總數等於或超過澳幣一萬元的澳幣或等值的外幣？ 是 否
注意：如果海關或警方人員查詢，您必須申報任何數額的旅遊支票、支票、匯票或其他持有人轉讓票據。
6. 肉類、家禽、魚類、海產、蛋、乳製品、水果、蔬菜？ 是 否
7. 穀物、種子、球莖、稻草、果仁、植物、植物的部份、傳統藥物或草藥、木製品？ 是 否
8. 動物、動物的任何部份、動物產品包括器具、寵物糧食、蛋類、生物製品、樣本、鳥類、魚類、昆蟲、貝殼、蜜蜂製品？ 是 否
9. 泥土、黏上泥土或在淡水地區使用的物件，例如運動/娛樂器具、鞋子？ 是 否
▶10. 在過去30天內，您曾否接觸過農場、農場的動物、荒野保護區或淡水溪流/湖泊等？ 是 否
▶11. 在過去6天，您是否在非洲、南美洲、中美洲或加勒比海地區？ 是 否

聲明
本人在此卡中提供的資料是真實的、正確的及完整的。本人明白不回答任何一條問題都可能引起嚴重後果。
您的簽名
日 月 年
請轉背面
Chinese Traditional

Incoming passenger card • Australia
PLEASE COMPLETE IN ENGLISH WITH A BLUE OR BLACK PEN
▶ Family/surname
▶ Given names
▶ Passport number
◆ Flight number or name of ship
▶ Intended address in Australia
State
▶ Do you intend to live in Australia for the next 12 months? Yes No
▶ If you are **NOT an Australian citizen**:
Do you have tuberculosis? Yes No
Do you have any criminal conviction/s? Yes No

PLEASE X AND ANSWER EVERY QUESTION – IF UNSURE, Yes X
▶ Are you bringing into Australia:
1. Goods that may be prohibited or subject to restrictions, such as medicines, steroids, illegal pornography, firearms, weapons or illicit drugs? Yes No
2. More than 2250mL of alcoholic beverages or 50 cigarettes or 50g of tobacco products? Yes No
3. Goods obtained overseas or purchased duty and/or tax free in Australia with a combined total price of more than AUD$900, including gifts? Yes No
4. Goods/samples for business/commercial use? Yes No
5. AUD$10,000 or more in Australian or foreign currency equivalent? Yes No
Note: If a customs or police officer asks, you must report travellers cheques, cheques, money orders or other bearer negotiable instruments of any amount.
6. Meat, poultry, fish, seafood, eggs, dairy, fruit, vegetables? Yes No
7. Grains, seeds, bulbs, straw, nuts, plants, parts of plants, traditional medicines or herbs, wooden articles? Yes No
8. Animals, parts of animals, animal products including equipment, pet food, eggs, biologicals, specimens, birds, fish, insects, shells, bee products? Yes No
9. Soil, items with soil attached or used in freshwater areas e.g. sports/recreational equipment, shoes? Yes No
▶ 10. Have you been in contact with farms, farm animals, wilderness areas or freshwater streams/lakes etc in the past 30 days? Yes No
▶ 11. Were you in Africa, South/Central America or the Caribbean in the last 6 days? Yes No

DECLARATION
The information I have given is true, correct and complete. I understand failure to answer any questions may have serious consequences.
YOUR SIGNATURE
Day Month Year
TURN OVER THE CARD
English

图 1－18　澳大利亚入境登记卡（正面）

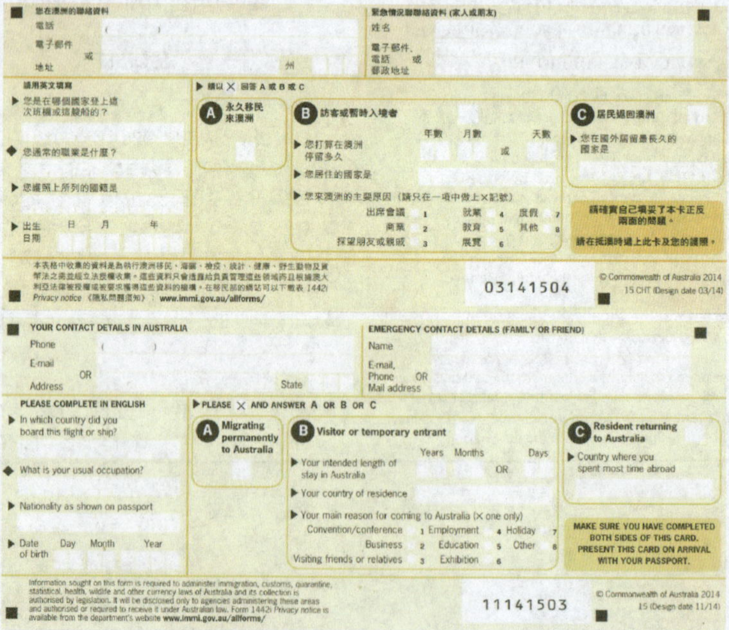

您在澳洲的聯絡資料
電話 （ ）
電子郵件 或 地址
州
緊急情況聯絡資料（家人或朋友）
姓名
電子郵件、電話 或 郵政地址

請用英文填寫
▶ 您是在哪個國家登上這次班機或這艘船的？
◆ 您通常的職業是什麼？
▶ 您護照上所列的國籍是
▶ 出生日期 日 月 年

▶ 請以 X 回答 A 或 B 或 C
A 永久移民來澳洲
B 訪客或暫時入境者
▶ 您打算在澳洲停留多久 年數 月數 或 天數
▶ 您居住的國家是
▶ 您來澳洲的主要原因（請只在一項中做上X記號）
出席會議 1 就業 4 度假 7
商業 2 教育 5 其他 8
探望朋友或親戚 3 展覽 6
C 居民返回澳洲
▶ 您在國外居留最長久的國家是

請確實自己填妥了本卡正反兩面的問題。
請在抵澳時遞上此卡及您的護照。

本表格中收集的資料是為執行澳洲移民、海關、檢疫、統計、健康、野生動物及貨幣法之需並經立法授權收集。這些資料只會透露給負責管理這些領域而且根據澳大利亞法律被授權或被要求獲得這些資料的機構。在移民部的網站可以下載表 1442i
Privacy notice 《隱私問題須知》： www.immi.gov.au/allforms/
03141504
© Commonwealth of Australia 2014
15 CHT (Design date 03/14)

YOUR CONTACT DETAILS IN AUSTRALIA
Phone ( )
E-mail OR Address
State
EMERGENCY CONTACT DETAILS (FAMILY OR FRIEND)
Name
E-mail, Phone OR Mail address

PLEASE COMPLETE IN ENGLISH
▶ In which country did you board this flight or ship?
◆ What is your usual occupation?
▶ Nationality as shown on passport
▶ Date of birth Day Month Year

▶ PLEASE X AND ANSWER A OR B OR C
A Migrating permanently to Australia
B Visitor or temporary entrant
▶ Your intended length of stay in Australia Years Months OR Days
▶ Your country of residence
▶ Your main reason for coming to Australia (X one only)
Convention/conference 1 Employment 4 Holiday 7
Business 2 Education 5 Other 8
Visiting friends or relatives 3 Exhibition 6
C Resident returning to Australia
▶ Country where you spent most time abroad

MAKE SURE YOU HAVE COMPLETED BOTH SIDES OF THIS CARD. PRESENT THIS CARD ON ARRIVAL WITH YOUR PASSPORT.

Information sought on this form is required to administer immigration, customs, quarantine, statistical, health, wildlife and other currency laws of Australia and its collection is authorised by legislation. It will be disclosed only to agencies administering these areas and authorised or required to receive it under Australian law. Form 1442i *Privacy notice* is available from the department's website **www.immi.gov.au/allforms/**
11141503
© Commonwealth of Australia 2014
15 (Design date 11/14)

图 1－19　澳大利亚入境登记卡（背面）

（二）澳大利亚出境登记卡

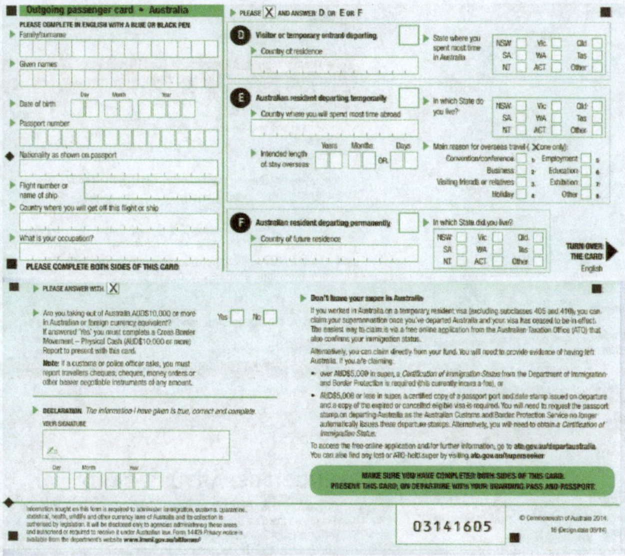

Outgoing passenger card • Australia
PLEASE COMPLETE IN ENGLISH WITH A BLUE OR BLACK PEN
Family/surname
Given names
Date of birth Day Month Year
Passport number
Nationality as shown on passport
Flight number or name of ship
Country where you will get off this flight or ship
What is your occupation?
PLEASE COMPLETE BOTH SIDES OF THIS CARD

PLEASE X AND ANSWER D OR E OR F
D Visitor or temporary entrant departing
Country of residence
State where you spent most time in Australia: NSW Vic Qld SA WA Tas NT ACT Other
E Australian resident departing temporarily
Country where you will spend most time abroad
Intended length of stay overseas Years Months Days OR
In which State do you live? NSW Vic Qld SA WA Tas NT ACT Other
Main reason for overseas travel (X one only): Convention/conference 1, Business 2, Visiting friends or relatives 3, Holiday 4, Employment 5, Education 6, Exhibition 7, Other 8
F Australian resident departing permanently
Country of future residence
In which State did you live? NSW Vic Qld SA WA Tas NT ACT Other
TURN OVER THE CARD
English

PLEASE ANSWER WITH X
Are you taking out of Australia AUD$10,000 or more in Australian or foreign currency equivalent? Yes No
If answered 'Yes' you must complete a Cross Border Movement – Physical Cash (AUD$10,000 or more) Report to present with this card.
Note: If a customs or police officer asks, you must report travellers cheques, cheques, money orders or other bearer negotiable instruments of any amount.
DECLARATION The information I have given is true, correct and complete.
YOUR SIGNATURE
Day Month Year

Don't leave your super in Australia
If you worked in Australia on a temporary resident visa (excluding subclasses 405 and 410), you can claim your superannuation once you've departed Australia and your visa has ceased to be in effect. The easiest way to claim is via a free online application from the Australian Taxation Office (ATO) that also confirms your immigration status.
Alternatively, you can claim directly from your fund. You will need to provide evidence of having left Australia. If you are claiming:
• over AUD$5,000 in super, a Certification of Immigration Status from the Department of Immigration and Border Protection is required (this currently incurs a fee), or
• AUD$5,000 or less in super, a certified copy of a passport port and date stamp issued on departure and a copy of the expired or cancelled eligible visa is required. ...
To access the free online application and for further information, go to ato.gov.au/departaustralia
You can also find any lost or ATO-held super by visiting ato.gov.au/superseeker
MAKE SURE YOU HAVE COMPLETED BOTH SIDES OF THIS CARD.
PRESENT THIS CARD, ON DEPARTURE WITH YOUR BOARDING PASS AND PASSPORT.
03141605
© Commonwealth of Australia 2014

图 1－20　澳大利亚出境登记卡

八、新西兰入出境登记卡

（一）新西兰入境登记卡

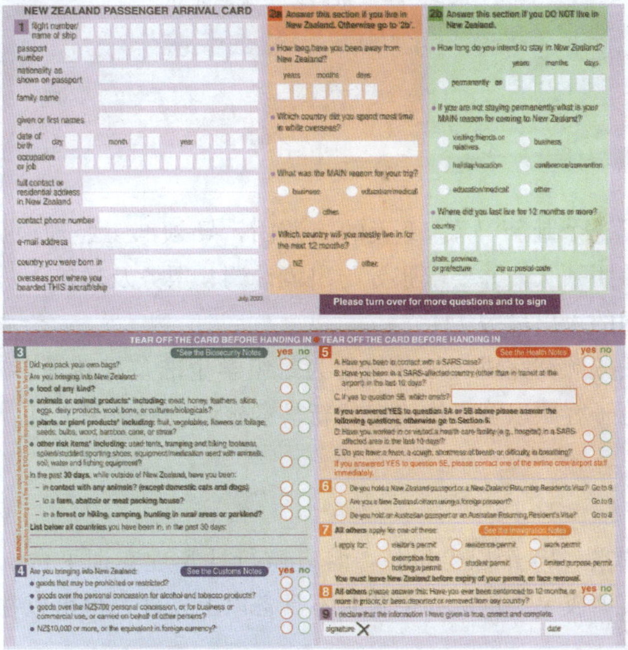

NEW ZEALAND PASSENGER ARRIVAL CARD
1 flight number/name of ship
passport number
nationality as shown on passport
family name
given or first names
date of birth day month year
occupation or job
full contact or residential address in New Zealand
contact phone number
e-mail address
country you were born in
overseas port where you boarded THIS aircraft/ship

2a Answer this section if you live in New Zealand. Otherwise go to '2b'.
How long have you been away from New Zealand? years months days
Which country did you spend most time in while overseas?
What was the MAIN reason for your trip? business, education/medical, other
Which country will you mostly live in for the next 12 months? NZ, other

2b Answer this section if you DO NOT live in New Zealand.
How long do you intend to stay in New Zealand? years months days / permanently
If you are not staying permanently, what is your MAIN reason for coming to New Zealand? visiting friends or relatives, business, holiday/vacation, conference/convention, education/medical, other
Where did you last live for 12 months or more? country; state, province or prefecture; zip or postal code

Please turn over for more questions and to sign

TEAR OFF THE CARD BEFORE HANDING IN

3 See the Biosecurity Notes — yes no
Did you pack your own bags?
Are you bringing into New Zealand:
• food of any kind?
• animals or animal products? including: meat, honey, feathers, skins, eggs, dairy products, wool, bone, or cultures/biologicals?
• plants or plant products? including: fruit, vegetables, flowers or foliage, seeds, bulbs, wood, bamboo, cane, or straw?
• other risk items? including: used tents, tramping and hiking footwear, spiked/studded sporting shoes, equipment/medication used with animals, soil, water and fishing equipment?
In the past 30 days, while outside of New Zealand, have you been:
– in contact with any animals? (except domestic cats and dogs)
– to a farm, abattoir or meat packing house?
– in a forest or hiking, camping, hunting in rural areas or parkland?
List below all countries you have been in, in the past 30 days:

4 See the Customs Notes — yes no
Are you bringing into New Zealand:
• goods that may be prohibited or restricted?
• goods over the personal concession for alcohol and tobacco products?
• goods over the NZ$700 personal concession, or for business or commercial use, or carried on behalf of other persons?
• NZ$10,000 or more, or the equivalent in foreign currency?

5 See the Health Notes — yes no
A. Have you been in contact with a SARS case?
B. Have you been in a SARS-affected country (other than in transit at the airport) in the last 10 days?
C. If yes to question 5B, which one(s)?
If you answered YES to question 5A or 5B above please answer the following questions, otherwise go to Section 6.
D. Have you worked in or visited a health care facility (e.g., hospital) in a SARS-affected area in the last 10 days?
E. Do you have a fever, a cough, shortness of breath or difficulty in breathing?
If you answered YES to question 5E, please contact one of the airline crew/airport staff immediately.

6 Do you hold a New Zealand passport or a New Zealand Returning Resident's Visa? Go to 8
Are you a New Zealand citizen using a foreign passport? Go to 8
Do you hold an Australian passport or an Australian Returning Resident's Visa? Go to 8

7 All others apply for one of these: See the Immigration Notes
I apply for: visitor's permit, residence permit, work permit, exemption from holding a permit, student permit, limited purpose permit
You must leave New Zealand before expiry of your permit, or face removal.

8 All others please answer this: Have you ever been sentenced to 12 months or more in prison, or been deported or removed from any country? yes no

9 I declare that the information I have given is true, correct and complete.
signature X　date

图 1－21　新西兰入境登记卡

（二）新西兰出境登记卡

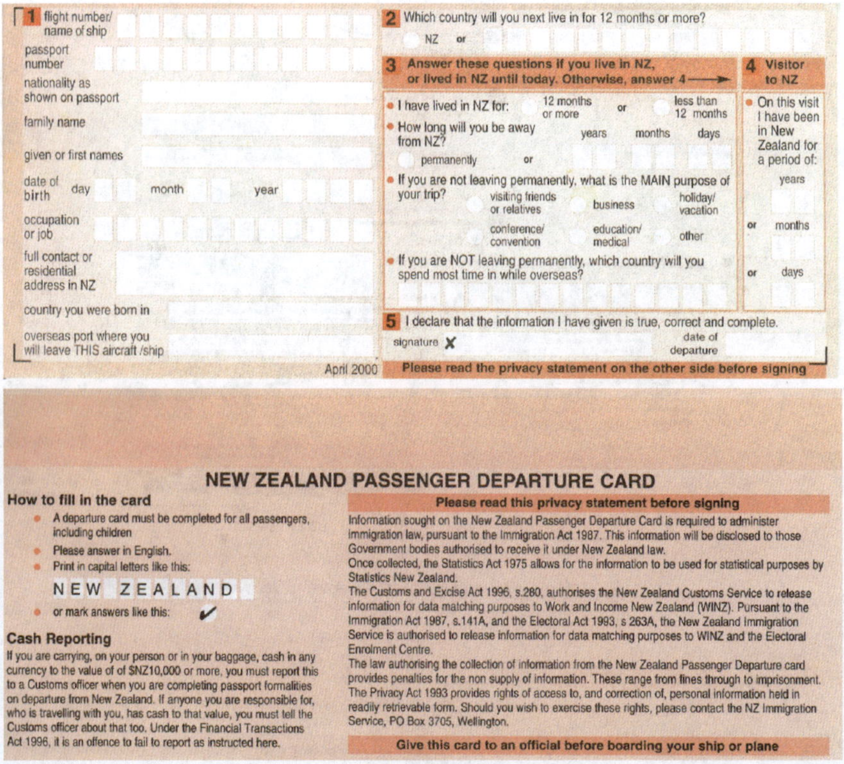

1 flight number/ name of ship
passport number
nationality as shown on passport
family name
given or first names
date of birth day month year
occupation or job
full contact or residential address in NZ
country you were born in
overseas port where you will leave THIS aircraft /ship
April 2000

2 Which country will you next live in for 12 months or more?
NZ or

3 Answer these questions if you live in NZ, or lived in NZ until today. Otherwise, answer 4 ⟶
- I have lived in NZ for: 12 months or more or less than 12 months
- How long will you be away from NZ? years months days
permanently or
- If you are not leaving permanently, what is the MAIN purpose of your trip? visiting friends or relatives business holiday/ vacation conference/ convention education/ medical other
- If you are NOT leaving permanently, which country will you spend most time in while overseas?

4 Visitor to NZ
- On this visit I have been in New Zealand for a period of: years or months or days

5 I declare that the information I have given is true, correct and complete.
signature ✗ date of departure
Please read the privacy statement on the other side before signing

NEW ZEALAND PASSENGER DEPARTURE CARD

How to fill in the card
- A departure card must be completed for all passengers, including children
- Please answer in English.
- Print in capital letters like this:
NEW ZEALAND
- or mark answers like this: ✔

Cash Reporting
If you are carrying, on your person or in your baggage, cash in any currency to the value of of $NZ10,000 or more, you must report this to a Customs officer when you are completing passport formalities on departure from New Zealand. If anyone you are responsible for, who is travelling with you, has cash to that value, you must tell the Customs officer about that too. Under the Financial Transactions Act 1996, it is an offence to fail to report as instructed here.

Please read this privacy statement before signing
Information sought on the New Zealand Passenger Departure Card is required to administer immigration law, pursuant to the Immigration Act 1987. This information will be disclosed to those Government bodies authorised to receive it under New Zealand law.
Once collected, the Statistics Act 1975 allows for the information to be used for statistical purposes by Statistics New Zealand.
The Customs and Excise Act 1996, s.280, authorises the New Zealand Customs Service to release information for data matching purposes to Work and Income New Zealand (WINZ). Pursuant to the Immigration Act 1987, s.141A, and the Electoral Act 1993, s 263A, the New Zealand Immigration Service is authorised to release information for data matching purposes to WINZ and the Electoral Enrolment Centre.
The law authorising the collection of information from the New Zealand Passenger Departure card provides penalties for the non supply of information. These range from fines through to imprisonment. The Privacy Act 1993 provides rights of access to, and correction of, personal information held in readily retrievable form. Should you wish to exercise these rights, please contact the NZ Immigration Service, PO Box 3705, Wellington.
Give this card to an official before boarding your ship or plane

图 1－22 新西兰出境登记卡

任务实施

1. 布置任务

A 旅行社组织了一个赴新马泰 11 天的旅游团，导领部王经理根据导领部派团状况，决定让张导任该旅游团领队，并要求张导与出境计调、票务及送签人员一起，提前为该团游客填好新马泰三国的入出境登记卡。

为了能让实训任务顺利完成，任课教师为每组学生准备好新马泰三国入出境登记卡、该团护照和签证、电子客票以及最终确定的新马泰旅游行程表等文件。

2. 执行任务

■ 实训条件

模拟旅行社实训室，15 个以上机位，装有旅行社管理实训平台，能上网，能发布和提交作业，能完成实训成果展示。如果暂时不具备以上条件，也可以在能上网的计算机房进行。

学生 5 人一组，分别担任出境旅游领队、出境计调、票务、送签人员和实训助理。如果时间允许，每组成员可轮流扮演不同角色，重复实训内容，巩固实训效果。

■ 实训步骤

第一步，出境领队张导分发团队护照和签证、电子客票、旅游行程和入出境登记卡并进行任务分工；

第二步，根据提供的护照和签证、电子客票、旅游行程等文件，填写新马泰入出境登记卡；

第三步，组内填写内容必须一致，填写中遇到问题时，组内讨论解决；

第四步，把每位游客的护照和签证、入出境登记卡、电子客票用橡皮筋绑在一起，按出境名单顺序罗列，放入档案袋。

3. 成果展示

实训任务完成后，每个小组用 PPT 展示泰国入出境登记卡、新加坡入出境登记卡、马来西亚入出境登记卡以及实训过程（可插入实训助理录制的视频）。陈述时，小组中每位学生都要发言，发言主要阐述自己在实训中承担的角色以及所完成的工作内容。每小组的展示及陈述，既要体现小组个人的作用，又要体现团体任务的完整性。

对本任务成果实行过程性评价，分小组自评、小组互评以及教师评价，分别占总成绩的 30%、30%、40%。

提升训练

如果在填写入出境登记卡的过程中，发现电子客票中的身份信息和护照中的身份信息不一致，请问该如何解决？

任务拓展

为了达到举一反三、巩固提高的目的，配合以上实训任务，给出 3 个拓展任务，任选其中一个作为课后训练任务。完成并成功提交的作品将计入平时成绩。

任务一

在旅行社实训平台上找一条日本游或韩国游实训线路，根据线路中准备好的入出境登记卡、护照和签证、电子客票及其他相关材料，分组进行“填写入出境登记卡”的拓展训练。

任务二

找一家旅游网站，选择一条港澳旅游线路，根据线路自行准备入出境登记卡、通行证和签证、电子客票及其他相关材料，分组进行“填写入出境登记卡”的拓展训练。

任务三

找一家校企合作旅行社，选择一条澳新旅游线路，根据线路向合作企业索要入出境登记卡、护照和签证、电子客票及其他相关材料，分组进行“填写入出境登记卡”的拓展训练。

任务五 准备好出团物品

任务导入

(1) 角色分配与编组：本任务有出境旅游领队、出境计调以及导领部经理 3 个角色。建议 3～4 名学生为一组完成“准备好出团物品”的学习，每名学生轮流担任不同角色。

(2) 在教师的指导或安排下，每组选择适合自己的出团物品。

(3) 填写出团物品登记表，对未尽事宜进行备注。

知识准备

一、出团必备物品

(一) 证件和机票

出境旅游领队从计调部拿到出境证件后，一定要稳妥保管，整理有序。护照、机票必须有复印件。

(二) 出国旅游名单表

按规定，旅游团队出境必须持有中国公民出国旅游团队名单表。但在目前的实际工作中，如果护照持有人所持的护照上的签证为个人有效签证，在边防检查站进行出境检查时，游客自行持证件出境，边检都会放行而不需中国公民出国旅游团队名单表。但是，旅游团队办理的是团队旅游签证或者旅游团去的是免签证的国家或地区时，必须有中国公民出国旅游团队名单表。

(三) 出境旅游行程表及产品的辅助说明文件

出境旅游行程表是出境旅游团队的根本性文件，出境旅游领队在准备工作文件的过程中，最不能忘记的就是出境旅游行程表或团队接待计划。

通常境外的接待旅行社对组团社的团队日程会有一个最后确认的传真，有时也会将全体团员的名单附在后面，出境旅游领队要复印下来并将其放到出团所需的资料中。

游客在旅行社的销售柜台购买旅行社的某项旅游线路产品时，旅行社的销售人员一定会将产品涉及的一些收费说明和服务标准同时提供给游客。这份对线路产品收费及对此线路产品详细说明的材料，在出境旅游领队的行装准备中亦不能缺少。

（四）分房名单

分房名单是与出境旅游行程表一体的带团文件，出境旅游领队应事先将其准备好，并按照在境外下榻饭店数量将分房名单复印多份，做好适时调整的准备。

（五）境外接待社的联系人及联系方式

出境旅游领队需要掌握境外旅行社的联系人及联系方式，包括负责境外接待的旅行社的名称、境外接待旅行社的经理及计调的姓名及联系方式、境外旅行社办公室联络电话以及导游员姓名和联络电话。

（六）其他与带团相关的必备物品

准备好领队证、名片、领队旗、托运行李不干胶标签等。

二、工作辅助物品

工作辅助物品包括线路资料书籍、通信工具、紧急救助电话（含中国驻外大使馆电话）、应急小礼品。

三、个人生活物品

个人生活物品包括个人换洗衣物、常用药品和其他生活必需品（牙具、拖鞋、指南针、太阳镜、笔记本、笔、计算器、小面额外币等）。

任务实施

1. 布置任务

A 旅行社组织了一个赴新马泰 11 天的旅游团，导领部王经理根据导领部派团状况，决定让张导任该旅游团领队。张导与导领部王经理、出境计调李小姐商议该团需要准备或领取的物品。

为了让实训任务顺利完成，任课教师为每组学生准备好需要的物品（电子版）以及出团物品登记表（见表 1－8）。

2. 执行任务

■ 实训条件

模拟旅行社实训室，15 个以上机位，装有旅行社管理实训平台，能上网，能发布和提交作业，能完成实训成果展示。如果暂时不具备以上条件，也可以在能上网的计算机房进行。

表 1-8　　出团物品登记表

团队名称：×××　　团号：×××
领队姓名：×××　　计调姓名：×××

序号	出团物品类型	出团物品名称	数量	补充说明	归还情况
1	出团必备物品	证件、机票			
2		入出境登记卡			
3		出国旅游团队名单表			
4		出境旅游行程表或团队接待计划			
5		对此线路产品包括收费在内的详细说明材料			
6		分房名单			
7		境外带团业务通讯录			
8		领队证、领队旗等			
9		其他（请注明）：			
10	工作辅助物品	线路资料书籍		借取或自备	
11		通信工具		借取或自备	
12		紧急救助电话			
13		应急小礼品		领取或自备	
14	个人生活物品	个人换洗衣物		自备	
15		常用药品		自备	
16		洗漱用品（牙具、拖鞋等）		自备	
17		户外用品（防晒霜、太阳镜、伞等）		自备	
18		书写用品（笔记本、笔、计算器等）		自备	
19					
20					

出境领队签名：×××　　填表日期：20××年××月××日

学生 4 人一组，分别担任出境旅游领队、计调部出境计调、导领部经理和实训助理。如果时间允许，每组成员可轮流扮演不同角色，重复实训内容，巩固实训效果。

■ 实训步骤

第一步，出境旅游领队张导与导领部王经理、出境计调李小姐共同商量准备出团物品事宜；

第二步，按照提供的出团物品登记表中的条目，结合团队实际情况，逐项领取、借取或自备；

第三步，如暂时无法获得物品或需要增加物品，应在出团物品登记表中做说明；

第四步，填写完毕，由出境旅游领队张导签字交相关部门存档，作为所借物品归还时的凭据。

提升训练

如果在准备出团物品的过程中，出境旅游领队发现团队的签证还没有下来，导致护照和签证两项出团必备物品无法准备好，怎么办？

3. 成果展示

实训任务完成后，每个小组用 PPT 展示出团物品登记表以及实训过程（可插入实训助理录制的视频）。陈述时，小组中每位学生都要发言，发言主要阐述自己在实训中承担的角色以及所完成的工作内容。每小组的展示及陈述，既要体现小组个人的作用，又要体现团体任务的完整性。

对本任务成果实行过程性评价，分小组自评、小组互评以及教师评价，分别占总成绩的30%、30%、40%。

任务拓展

为了达到举一反三、巩固提高的目的，配合以上实训任务，以下给出3个拓展任务，任选其中一个作为课后训练任务。完成并成功提交的作品将计入平时成绩。

任务一

在旅行社实训平台上找一条日本游或韩国游实训线路，根据准备好的出团物品登记表以及出团必备物品、工作辅助物品和个人生活物品，分组进行“准备好出团物品”拓展训练。

任务二

找一家旅游网站，选择一条港澳旅游线路，根据线路自行准备出团物品登记表以及出团必备物品、工作辅助物品以及个人生活物品，分组进行“准备好出团物品”拓展训练。

任务三

找一家校企合作旅行社，选择一条澳新旅游线路，根据线路向合作企业索要出团物品登记表以及出团必备物品、工作辅助物品以及个人生活物品，分组进行“准备好出团物品”拓展训练。

项目二

做好出境服务

- 任务一　带团出中国大陆境
- 任务二　带团入他国（地区）境

项目概述

在完成了出境准备工作之后，旅游团要经过海关、办理登机、卫检、边检、安检等多道手续才能出境，又需要几乎同样多的手续才能入境进入目的地国家（地区）。出境旅游领队需要对经过的关口、办理的各项手续十分熟悉。本项目的主要内容包括带团出中国大陆境、带团入他国（地区）境。

学习目标

1. 知识目标

（1）熟悉出中国大陆境所需的文件；

（2）掌握入他国（地区）境的程序；

（3）了解境内外海关关于携带物品的规定；

（4）熟悉出入境过程中关于意外事故的处理方法。

2. 技能目标

（1）能够做好所有出境准备（证件、旅游团队名单表、海关申报单等）；

（2）能够办理出中国大陆境手续（海关申报、乘机手续、行李托运、边防检查、海关检查、安全检查等）；

（3）能够办理入他国（地区）境手续（卫生检疫、证件交验、接受提问、海关查验）。

3. 素质目标

（1）课堂教学中，渗透《中国公民出境旅游文明行为指南》的内容，指导学生做文明出境领队，并能引导、教育游客文明出行；

（2）实践教学中，重视职业素质的培养，要求学生按照《旅行社出境旅游服务规范》，为游客提供标准化服务和个性化服务；

（3）教育学生养成遵纪守法的习惯，特别是遵守目的地国家（地区）的法律法规、风俗习惯等。

任务一 带团出中国大陆境

任务导入

（1）角色分配与编组：本任务有出境旅游领队、游客、海关和边防以及机场的工作人员等角色。建议 5～6 名学生为一组完成“带团出中国大陆境”的学习，学生可轮流担任不同角色。

（2）模拟带领旅客办理出境手续的整个流程。

（3）协助游客填写出境旅客行李物品申报单。

知识准备

一、基本知识

（一）国境卫生检疫

国境卫生检疫是指国家国境卫生检疫机关为了防止传染病由国外传入或者由国内传出，通过国家设在国境口岸的卫生检疫机关，依照国境卫生检疫的法律、法规，在国境口岸、关口对出入境人员、交通工具、运输设备以及可能传播传染病的行李、货物、邮包等物品实施卫生检疫查检、疾病监测、卫生监督和卫生处理的卫生行政执法行为。

（二）中国海关限制出境物品

（1）金银等贵重金属及其制品；

（2）国家货币；

（3）外币及其有价证券；

（4）无线电收发信机、通信保密机；

（5）贵重中药材；

（6）一般文物；

（7）海关限制出境的其他物品。

（三）中国海关禁止出境物品

（1）列入禁止进境范围的所有物品；

（2）内容涉及国家秘密的手稿、印刷品、胶卷、照片、唱片、影片、录音带、录像带、激光视盘、计算机存储介质及其他物品；

（3）珍贵文物及其他禁止出境的文物；

（4）濒危的和珍贵的动物、植物（均含标本）及其种子和繁殖材料。

二、带团出中国大陆境流程

团队抵达国内口岸后，出境旅游领队要带领团队出境，协助游客办理各种出境手续，流程见图 2-1。

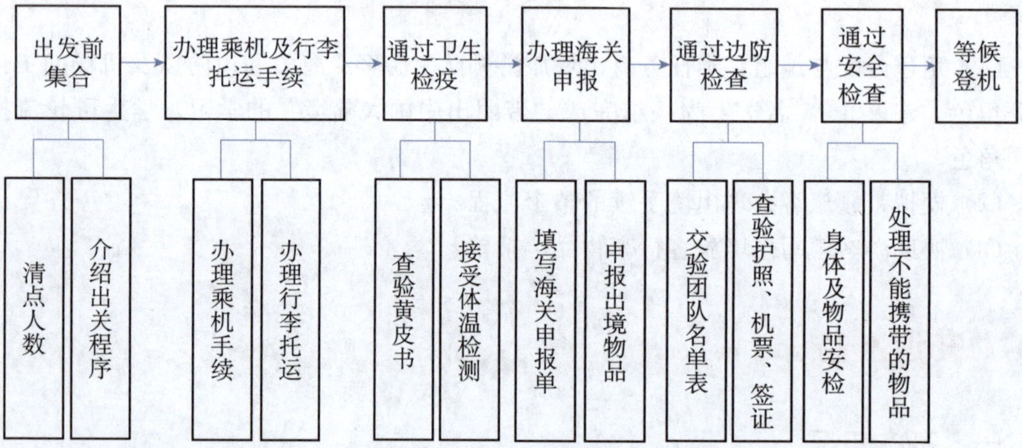

图 2-1　出境旅游领队带团出中国大陆境流程图

（一）出发前集合

1. 点名签到

与游客在指定的地点会合后，出境旅游领队需根据团队名单表，逐一点名签到。点名时应注意礼貌，与游客进行眼神交流并点头致意。如果团队中有游客尚未到，出境旅游领队要主动与未及时赶到的游客电话联系，确认情况。

2. 告知游客所要办理的手续

在全体游客到齐后，出境旅游领队应即席发表一个简短的讲话。讲话的内容主要是告知游客接下来将要办理的手续，并希望大家配合。游客如果针对海关申报、边防检查等提出问题，领队应简明扼要地一一作答。

3. 特殊情况的处理

（1）游客迟到。如果在规定时间内游客未能抵达集合处，出境旅游领队应及时与游客取得联系，了解游客所在方位，预估抵达的时间再做下一步的决定。如果时间允许，在原地等待游客抵达，并先代迟到游客向大家表示歉意；如果时间比较紧张不允许再等下去，出境旅游领队可先带领其他游客，办理乘机及行李托运手续。此时出境旅游领队需要与未抵达的游客保持联系。一旦游客抵达，出境旅游领队要折回到口岸的国际出境区域入口将游客带入，与其他游客会合。

（2）游客临时取消行程。个别游客因突然生病、突发事故等原因，打来电话通知出境旅游领队其不能随团出境。出境旅游领队应首先对游客进行口头慰问，然后要求游客电话通知外，再发短信通知来确认，以便出境旅游领队在进行工作处理时留有凭证。出境旅游领队带团队在航空公司办理登机手续时，要将取消行程人的姓名告知航空公司。如果游客未出现且又联系不上，出境旅游领队再恳求值机柜台延后关闭，同时积极寻找游客，不到最后一刻不可轻易放弃。如果游客仍未出现，则将旅游证件转交送机人员处理。

（二）办理乘机及行李托运手续

1. 告知游客航空公司的诸项规定

出境旅游领队应将航空公司对乘机旅客行李的规定告知游客。在办理乘机手续之前，针对一些可能出现的问题再次提醒游客。例如：若携带水果刀、小剪刀、发胶、定型液、100毫升以上的液体、防蚊液、烈酒类、喷雾器、各式刀械等物品，请务必放入行李箱托运。请事先向航空公司了解详情。贵重物品应随身携带而不用放在托运行李中。

2. 办理乘机手续

通常航空公司对旅游团的游客开通值机柜台的“团队”专用柜台进行乘机手续办理。出境旅游领队在航空公司值机柜台前的工作如下：

（1）交验团队所有游客的护照和机票，办理乘机手续。出境旅游领队携带全团所有游客的护照（含团体签证）、机票，到应搭乘的航空公司的值机柜台前办理乘机手续。目前大多数航空公司已经使用电子客票，所以出境旅游领队只需带上电子客票确认单即可。

（2）办理行李托运。出境旅游领队应将游客拟托运的行李（包括领队自己的行李）在值机柜台前按照顺序依次排列，以方便托运清点。在航空公司值机柜台人员将要托运行李系上行李牌，出境旅游领队看到全团的行李进入值机柜台行李传送带后方可离去。在办完乘机手续后，需要认真清点航空公司值机员交还的所有物品，包括护照、机票、登机牌以及交付托运的所有行李票据。

（3）单独办理乘机手续。许多航空公司因考虑到行李查询方便等种种原因，可能会要求乘机旅客单独办理托运行李和乘机手续。基于此，出境旅游领队应带领全团游客来到航空公司值机柜台前，先与游客讲明注意事项，然后站在一旁观看游客自行办理乘机手续，必要时立刻提供协助。同时，出境旅游领队不应先于游客办理手续，而应在全团所有游客办完乘机手续后，再为自己办理乘机手续，以体现服务精神。

3. 将过边检、登机所需的物品发还给游客

集体办理乘机手续后，出境旅游领队应将游客的护照、机票（若是电子客票则无须分发，由出境旅游领队保管）、登机牌发给游客。全团行李统一托运后的所有票据，由出境

旅游领队保管存放。

知识链接

中国国际航空公司托运行李的一般规定

托运行李是指旅客交由国航负责照管和运输，并拴挂行李识别标签的行李。

1. 托运行李限额

每件托运行李不得低于2千克。

每件托运行李的最大重量不得超过45千克。国际运输的每件托运行李重量一般不超过32千克，如超过32千克，但不超过45千克的行李必须符合到达机场和续程承运人的有关规定。

每件托运行李的长、宽、高三边之和不得超过203厘米，不得小于60厘米。

超过免费托运行李限额的托运行李在支付逾重行李费后可作为托运行李运输；但超过最大体积或重量的行李，不能作为托运行李运输，应作为货物运输。

2. 托运行李包装

托运行李应进行适当包装和固定，以保证能承受一定的压力，且在正常操作条件下可以安全地被卸载和运输。托运行李的包装还应遵守以下规定：

● 旅行箱、旅行袋和手提袋应锁好，避免遭窃。

● 两个或两个以上行李袋不能捆扎成一个。

● 额外物品不得填塞至托运行李包。● 竹制编织筐、网袋、绳子、草袋、塑料袋不得缠绕于行李四周。

● 乘客姓名、具体地址和电话号码应在行李包内侧和外侧写明。

3. 不允许作为托运行李或夹入行李内托运的物品

基于以下原因下列物品不适合运输：由于物品的危险性、不安全性，或由于其重量、尺寸、形状或者性质，或考虑到包括但不限于飞机机型的因素易碎或易腐物品以及锂电池等物品不适合运输。

4. 旅客行李中锂电池的运输规定

根据国际民航组织《危险物品安全航空运输技术细则》（2011—2012版）规定，旅客或机组成员为个人自用内含锂或锂离子电池芯或电池的便携式电子装置（手表、计算器、照相机、手机、手提电脑、便携式摄像机等）应作为手提行李携带登机，并且锂金属电池的锂含量不得超过2克，锂离子电池的额定能量值不得超过100Wh（瓦特小时），超过100Wh但不超过160Wh的，经航空公司批准后可以装在交运行李或手提行李中的设备上，超过160Wh的锂电池严禁携带。

便携式电子装置的备用电池必须单个做好保护以防短路（放入原零售包装或以其他方式将电极绝缘，如在暴露的电极上贴胶带，或将每个电池放入单独的塑料袋或保护盒当中），并且仅能在手提行李中携带。经航空公司批准的 100～160Wh 的备用锂电池只能携带两个。

5. 三边之和不超过 158 厘米（62 英寸）、可视作行李的物品

● 睡袋或铺盖卷。

● 帆布背包、背囊等。

● 滑雪板/滑雪设施，包含一对滑雪橇/一幅滑雪板和滑雪杆的滑雪背包以及一双滑雪靴的足袋。

● 高尔夫用具，包含高尔夫球棒和一双高尔夫球鞋的高尔夫袋。

● 桶形袋或 22 型袋。

● 自行车：单座旅行自行车或赛车，非机动型，包装符合规定，手把旋向两边，脚踏板卸下。

● 标准滑水板、尾波板或一对标准滑水橇。

● 钓鱼用具：经过适当的包装，其数量不超过两幅钓竿、一幅卷轴、一副抄网、一双钓鱼靴和一个工具盒。

● 运动枪支：一个步枪盒，内装步枪不超过两支、火药不超过 5 千克（11 磅）、一个射击垫、一个消音器和一件小型步枪工具，或两支散弹猎枪和两个散弹猎枪盒，或一个手枪盒——包含 5 把以内手枪、5 千克（11 磅）火药、消音器、一部手枪望远镜和一件小型手枪工具。此类火器的可接受性视携带者的具体情况而定。

● 长度不超过 100 厘米（39 英寸）的乐器。

（三）通过卫生检疫

1. 查验黄皮书

如果出境旅游团前往或途径的国家（地区）为传染病流行疫区，或者欲前往的国家（地区）对国际旅行预防接种有明确要求，都需要提前办理黄皮书。

并非所有国家（地区）都有需要游客出示黄皮书的要求，但有些对某些流行病检查特别严格的国家（地区），如智利、墨西哥等国家，要求所有入境的外国人出具预防霍乱和黄热病的接种或复种证明书。游客如果遗忘了申办接种证明书，到达这些国家时，就可能会面临被隔离、强制检疫等情况。

出境旅游领队带领游客在关口的卫生检疫柜台前，应接受卫生检疫工作人员的黄皮书查检。如游客未及时办理黄皮书，应按照卫生检疫的要求，现场补办。

2. 接受体温检测

中国各出入境关口都有自动测量游客体温的设备，游客的体温如果超出规定，将被要求复查并说明理由，严重者将被限制出境。

知识链接

黄皮书

黄皮书即《疫苗接种或预防措施国际证书》(International Certificate of Vaccination or Prophylaxis)，因封面为黄色而得名。黄皮书是世界卫生组织为了保障入出国（边）境人员的人身健康，防止危害严重的传染病，通过入出国（边）境的人员、交通工具、货物和行李等传染和扩散而要求提供的一项预防接种证明，其作用是通过卫生检疫措施而避免传染。如果入出国（边）境者没有携带黄皮书，国（边）境卫生检疫人员则有权拒绝其入出境，甚至采取强制检疫措施。所以对因私出国人员来说，在具备有效护照、有效签证经过认证的公证书之后或同时，一项不可忽视的重要一条，就是到所在地的卫生检疫部门进行卫生检疫和预防接种，并领取黄皮书（见图 2-2）。

图 2-2　疫苗接种或预防措施国际证书

（四）办理海关申报

根据我国海关有关规定，我国出国人员，除享受免验待遇的人员外，出入境时都应填写中华人民共和国海关进出境旅客行李物品申报单（见图 2-3）或海关规定的申报单证，按规定如实申报其行李物品，报请海关办理物品进境或出境手续。在实施双通道制的海关现场，上述旅客应选择“申报通道”（“红色通道”）通关。

出境旅游领队在带领团队游客经过中国海关时，需要进行下列工作：

（1）告知游客中国海关禁止携带出境的物品；

（2）带领携带无须向海关申报物品的游客从“无申报通道”（“绿色通道”）穿过海关柜台，进入等候；

（3）带领携带需向海关申报物品的游客从“申报通道”到海关柜台前办理手续。

出境旅游领队可以先向海关核实申报物品中某些类型的具体要求，索取中华人民共和国海关进出境旅客行李物品申报单，发给需要申报的游客，并指导游客填写。通常游客都会携带摄像机、电脑等个人物品出境并带回国内，需据实申报。游客携带填写完成后的中华人民共和国海关进出境旅客行李物品申报单，到海关申报柜台，交验本人护照，经海关人员对申报物品进行实物检验后，盖章准予放行。申报游客应保存好中华人民共和国海关进出境旅客行李物品申报单，以便回国入境时海关检查。

中华人民共和国海关
进出境旅客行李物品申报单

请仔细阅读申报单背面的填单须知后填报

姓 名 男 女
出生日期 年 月 日 国籍(地区)
护照(进出境证件)号码

进境旅客填写	出境旅客填写
来自何地	前往何地
进境航班号/车次/船名	出境航班号/车次/船名
进境日期: 年 月 日	出境日期: 年 月 日
携带有下列物品请在“□”划√	携带有下列物品请在“□”划√
□1. 动植物及其产品、微生物、生物制品、人体组织、血液及其制品	□1. 文物、濒危动植物及其制品、生物物种资源、金银等贵重金属
□2. 居民旅客在境外获取总值超过人民币5,000元的物品	□2. 居民旅客携带需复带进境的单价超过人民币5,000元的照相机、摄像机、手提电脑等旅行自用物品
□3. 非居民旅客拟留在境内总值超过人民币2,000元的物品	□3. 超过20,000元人民币现钞，或超过折合美元5,000元外币现钞
□4. 超过1,500毫升的酒精饮料(酒精含量12°以上)，或超过400支香烟，或超过100支雪茄，或超过500克烟丝	□4. 货物、货样、广告品
□5. 超过20,000元人民币现钞，或超过折合美元5,000元外币现钞	□5. 其它需要向海关申报的物品
□6. 分离运输行李，货物、货样、广告品	
□7. 其它需要向海关申报的物品	

携带有上述物品的，请详细填写如下清单

品名/币种	型号	数量	金额	海关批注

我已经阅读本申报单背面所列事项，并保证所有申报属实。

旅客签名:

一、重要提示:

1. 没有携带应向海关申报物品的旅客，无需填写本申报单，可选择“无申报通道”（又称“绿色通道”，标识为“●”）通关。
2. 携带有应向海关申报物品的旅客，应当填写本申报单，向海关书面申报，并选择“申报通道”（又称“红色通道”，标识为“■”）通关。海关免予监管的人员以及随同成人旅行的16周岁以下旅客可不填写申报单。
3. 请妥善保管本申报单，以便在返程时继续使用。
4. 本申报单所称“居民旅客”系指其通常定居地在中国关境内的旅客，“非居民旅客”系指其通常定居地在中国关境外的旅客。
5. 不如实申报的旅客将承担相应法律责任。

二、中华人民共和国禁止进境物品:

1. 各种武器、仿真武器、弹药及爆炸物品;
2. 伪造的货币及伪造的有价证券;
3. 对中国政治、经济、文化、道德有害的印刷品、胶卷、照片、唱片、影片、录音带、录像带、激光唱盘、激光视盘、计算机存储介质及其它物品;
4. 各种烈性毒药;
5. 鸦片、吗啡、海洛因、大麻以及其它能使人成瘾的麻醉品、精神药物;
6. 新鲜水果、茄科蔬菜、活动物（犬、猫除外），动物产品、动植物病原体和害虫及其它有害生物、动物尸体、土壤、转基因生物材料、动植物疫情流行的国家和地区的有关动植物及其产品和其它应检物;
7. 有碍人畜健康的、来自疫区的以及其它能传播疾病的食品、药品或其它物品。

三、中华人民共和国禁止出境物品:

1. 列入禁止进境范围的所有物品;
2. 内容涉及国家秘密的手稿、印刷品、胶卷、照片、唱片、影片、录音带、录像带、激光唱盘、激光视盘、计算机存储介质及其它物品;
3. 珍贵文物及其它禁止出境的文物;
4. 濒危的和珍贵的动植物（均含标本）及其种子和繁殖材料。

CHINA CUSTOMS
BAGGAGE DECLARATION FORM FOR OUTGOING PASSENGERS

Please read the instructions on the reverse side and provide information or mark "√" in the space

1. Surname
Given Name
2. Date of Birth Year Month Day
3. Sex Male Female
4. No. of Traveler's Document
5. Nationality(Region) China (Hong Kong Macao Taiwan) Other Nationals
6. Purpose of the Trip Official Business Leisure Study Immigration Visiting Friends or Relatives Return Residents Others
7. Flight No./Vehicle No./Vessel Name
8. Number of persons under the age of 16 traveling with you

I am (We are) taking out of China's Customs territory

9. trip necessities (camera, vidicon, laptop, etc.) valued each at over RMB 5,000, which will be brought back at the end of the trip.	Yes	No
10. Chinese currency in cash exceeding RMB 20,000 or foreign currencies in cash exceeding USD 5,000 if converted into US dollar.	Yes	No
11. gold, silver and other precious metals.	Yes	No
12. cultural relics, endangered animals or plants and products thereof, biology species resources.	Yes	No
13. radio transmitters, radio receivers, communication security equipments.	Yes	No
14. other articles which are prohibited or restricted from being taken out of the territory in accordance with the law of the People's Republic of China.	Yes	No
15. goods of commercial value, samples, advertisements.	Yes	No

I HAVE READ THE INSTRUCTIONS ON THE REVERSE SIDE OF THIS FORM AND DECLARE THAT THE INFORMATION GIVEN ON THIS FORM IS TRUE.

Passengers who are taking any articles included in items 9-14 shall fill out this form in detail.

Description	Quantity	Value	Type/Model	Customs Remarks

PASSENGER'S SIGNATURE Year Month Date

CHINA CUSTOMS

INSTRUCTIONS

- **IMPORTANT INFORMATION**

1. All outgoing passengers, except those who are exempted from examination or control in accordance with relevant regulations and those under the age of 16 traveling with adults, shall complete truthfully declaration form in an appropriate language as provided by the Customs and submit it to the Customs officer at the declaration desk.
2. In the Customs control area where "Dual Channel" system is available, passengers who are taking any articles included in items 9-15 shall follow the "GOODS TO DECLARE" ("RED CHANNEL", marked "■"), while other passengers may choose to go through the "NOTHING TO DECLARE" ("GREEN CHANNEL", marked "●").
3. The value of articles included in item 9 shall be the value shown on the lawful commercial invoices issued within China's Customs territory.
4. Passengers, who are taking articles included in item 9, shall fill out two declaration forms, of which one will, after being endorsed by the Customs, be returned to such passengers for use at the time when such articles are brought back into China's Customs territory.
5. False declarations may result in penalties by the Customs.

- **ARTICLES PROHIBITED FROM EXPORTATION IN ACCORDANCE WITH THE LAW OF THE PEOPLE'S REPUBLIC OF CHINA**

1. Arms, imitation arms, ammunition and explosives of all kinds.
2. Counterfeit currencies and counterfeit negotiable securities.
3. Printed matter, films, photographs, gramophone records, cinematographic films, tapes (audio and video), compact discs (audio and video), storage media for computers and other articles which are detrimental to the political, economic, cultural and moral interests of China.
4. Deadly poison of all kinds.
5. Opium, morphine, heroin, marihuana and other addictive drugs and psychotropic substances.
6. Manuscripts, printed matter, films, photographs, gramophone records, cinematographic films, tapes (audio and video), compact discs (audio and video), storage media for computers and other articles which involve state secrets.
7. Valuable cultural relics and other relics prohibited from exportation.
8. Endangered and precious rare animals and plants (including their specimens), and their seeds and reproducing materials.

图 2-3 中华人民共和国海关进出境旅客行李物品申报单

（五）通过边防检查

按照边防检查柜台的要求，出境旅游领队带领游客按照中国公民出国旅游团队名单表的排序依次接受边防出境检查。游客需出示本人护照（含有效签证）、国际机票、入出境登记卡。边检人员对护照、签证查验完毕，在护照上加盖入出境验讫章后，将护照、机票、入出境登记卡交还给游客，边检手续完成。

如团队签署的是团体签证或到免签国家旅行，出境旅游领队应出示中国公民出国旅游团队名单表及领队证、团体签证。所有游客需按照名单表中的顺序排队，逐一通过边防检查柜台。旅游团队在通过边防检查柜台时，出境旅游领队应始终走在前面，要第一个办妥手续，然后在里面游客可以看到的地方站立等候游客。对完成边防检查的游客，出境旅游领队可先指引他们继续进行登机前的安全检查。待全体游客通过边检人员的审核后，中国公民出国旅游团队名单表中除边防检查站入出境联被边检人员留存之外，出境旅游领队应将剩余的边防检查站入境验收联、旅游行政管理部门留存联、组团社留存联收回。

（六）通过安全检查

出境旅游领队带领游客经过登机安全检查时，要提醒游客主动配合机场安检人员，避免与其发生纠纷。此外，对于不能携带的物品应妥善处理。

（七）等候登机

在完成了以上各项手续后，出境旅游领队应马上带领游客到登机牌上标明的登机闸口的候机区等候登机。要提醒游客注意听广播，以免误机。

任务实施

1. 布置任务

A 旅行社组织了一个赴香港的旅游团，由小张任该旅游团的出境旅游领队。团队出发前的集合时间为 13 点，集合地点在青岛流亭机场 5 号门内。在机场内需完成办理海关申报、乘机、行李托运手续，并通过卫生检疫、边防检查和安全检查。

为了顺利完成实训任务，任课教师为每组学生准备了出境需要的通行证、机票、团队名单表（见图 2-4）等。

2. 执行任务

■ 实训条件

模拟机场实训室，可以容纳 50 人，具有海关柜台、行李托运处、值机柜台、安全检查门、候机厅等。如果暂时不具备以上条件，也可以在多媒体教室进行。

学生 5～6 人一组，分别担任领队、导游、行李托运处工作人员、边防检查人员、海关申报查验员等。如果时间允许，每组成员可轮流扮演不同角色，重复实训内容，巩固实训效果。

■ 实训步骤

第一步，出发前，出境旅游领队在机场集合，清点人数，讲明注意事项；

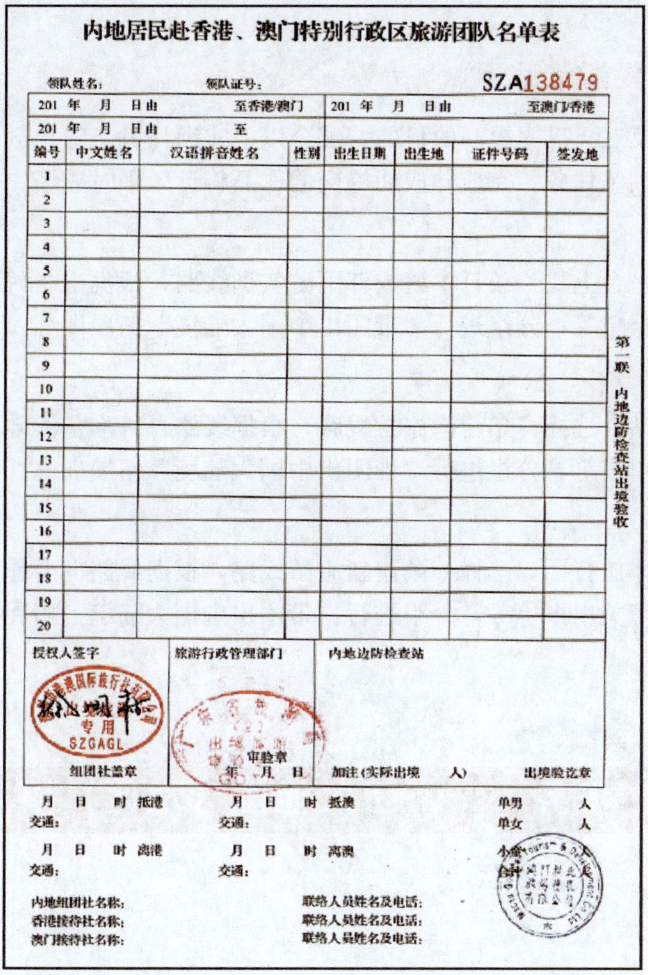

内地居民赴香港、澳门特别行政区旅游团队名单表

领队姓名：　　领队证号：　　SZA138479

201 年 月 日由 至香港/澳门				201 年 月 日由 至澳门/香港			
201 年 月 日由 至							
编号	中文姓名	汉语拼音姓名	性别	出生日期	出生地	证件号码	签发地
1							
2							
3							
4							
5							
6							
7							
8							
9							
10							
11							
12							
13							
14							
15							
16							
17							
18							
19							
20							

第一联 内地边防检查站出境验收

授权人签字	旅游行政管理部门	内地边防检查站
组团社盖章	审验章 年 月 日	加注（实际出境 人） 出境验讫章

月 日 时 抵港　　月 日 时 抵澳　　单男 人
交通：　　交通：　　单女 人
月 日 时 离港　　月 日 时 离澳　　小童 人
交通：　　交通：　　合计 人

内地组团社名称：　　联络人员姓名及电话：
香港接待社名称：　　联络人员姓名及电话：
澳门接待社名称：　　联络人员姓名及电话：

图 2-4　内地居民赴香港、澳门特别行政区旅游团队名单表

第二步，出境旅游领队协助游客办理登机牌、托运行李；

第三步，出境旅游领队协助游客通过海关检查；

第四步，出境旅游领队协助游客通过安全检查；

第五步，出境旅游领队带领游客进入候机室，准备登机。

3. 成果展示

实训任务完成后，每个小组总结汇报出中国境实训过程，要求提交一份书面报告以及实训视频。现场陈述时，小组中每位学生都要发言，发言主要阐述自己在实训中承担的角色以及所完成的内容。每小组的展示及陈述，既要体现小组个人的作用，又要体现团体任务的完整性。

对本任务成果实行过程性评价，分小组自评、小组互评以及教师评价，分别占总成绩的30%、30%、40%。

提升训练

在办完登机手续即将登机之前，有一位游客最终因为交通堵塞而未能及时抵达机场，对此出境旅游领队应该如何应对？

任务拓展

为了达到举一反三、巩固提高的目的，配合以上实训任务，给出 3 个拓展任务，任选其中一个作为课后训练任务。完成并成功提交的作品将计入平时成绩。

任务一

在旅行社实训平台上找一条日本游或韩国游实训线路，根据准备好的护照、机票、团队名单表和海关申报单等，分组进行“带团出中国大陆境”拓展训练。

任务二

找一家旅游网站，选择一条台湾旅游线路，根据线路自行准备大陆居民往来台湾通行证、机票、团队名单表等，分组进行“带团出中国大陆境”拓展训练。

任务三

找一家校企合作旅行社，选择一条澳新旅游线路，根据线路向合作企业索要护照、机票、团队名单表和海关申报单等，分组进行“带团出中国大陆境”拓展训练。

任务二 带团入他国（地区）境

任务导入

（1）角色分配与编组：本任务有出境领队、海关和边防以及机场的工作人员、游客等角色。建议 5～6 名学生为一组完成“带团入他国（地区）境”的学习，学生可轮流担任不同角色。

（2）填写入境登记卡。

（3）按照入他国（地区）境的流程办理入境手续。

知识准备

一、基本知识

（一）入境登记卡

入境登记卡是记录游客本次旅行相关信息的卡片，不同国家（地区）的入境卡不但格式不同，名称也不完全一样，如 Arrival Card、Immigrant Card/Form、Entry Card/Form、Inspection Card、Landing Card、Incoming Passenger Card、Disembarkation Card等。其内容主要包括游客姓名、性别、出生日期、国籍、职业、在目的地国的住址、护照号码、签发时间、签发地点、旅游目的、随行人数、是否随团、出发机场、航班号等。

（二）入境检查

入境检查（immigration），是由移民局的官员（或边防警察等）检查护照、签证和入境登记卡，并询问一些简单的问题，如“来此地的目的”“计划停留多久”“是否按规定申报物品”等。当检查人员在护照上盖上入境章时，就表示一切无误，核准入境。

二、带团入他国（地区）境流程

团队抵达目的地国家（地区）口岸后，出境旅游领队要带领团队入境，协助游客办理各种入境手续，流程见图 2-5。

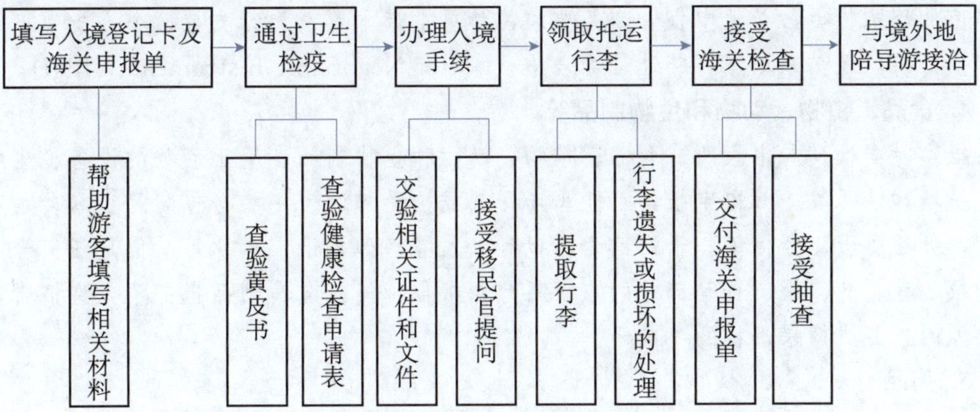

图 2-5 出境旅游领队带团入他国（地区）境流程图

（一）填写入境登记卡及海关申报单

出境旅游领队提前和游客做好约定，下飞机后在开阔地方集合。这时可以发放入境登记卡（如果出发前，旅行社已经替游客填好入境登记卡，就可以省略发卡和填卡环节），卡发完游客也就全部集合完毕。

为节省时间，入境登记卡中的问题可以酌情提前为游客填写，如在目的地国家（地区）的居留地址、联络资料等；部分问题和选项请游客根据自己实际情况来选择，如游客携带的现金等问题，一定请游客如实填写。

除了填写入境登记卡外，一般还需要游客填写一份海关申报单。各个国家的海关申报单都不相同，但其中的内容大致一样，如姓名、国籍、出生日期、航班号、永久地址、签证日期，以及随身携带物品种类和价值等。有些国家的入境登记卡和海关申报单是连在一起的，通常正面是入境登记卡，背面是海关申报单。

知识链接

澳大利亚海关规定需要申报的物品

1. 枪支、武器和弹药

游客必须申报所有枪支、武器和弹药，包括真枪和枪炮复制品以及通过压缩空气发射弹丸但通常作为“玩具”枪购买的BB气弹枪。其他武器，如漆弹枪、吹管、所有刀具、双节棍、弹弓、弩、电击设备和拳击指环等也必须申报。一些物品可能需要许可证、警方授权书和安检证才能进口。

2. 兴奋剂

抵达时必须申报所有兴奋剂，其中包括人体生长激素、DHEA以及所有合成代谢和类固醇激素。这些物品未经许可不得进口到澳大利亚。

3. 货币

带入或带出澳大利亚的货币金额没有限制。但是，如果携带10 000澳元及以上或者等值的外国货币，必须申报。海关要求，如果携带本票、旅行支票、个人支票、汇票或邮政汇票，还必须填写可转让证券表格（Bearer Negotiable Instruments，BNI）。

4. 食品、植物、动物和生物制品等

抵达时向检疫局申报所有食品、植物、动物和生物制品、用于动物的设备、生物材料、土壤和沙砾等。如未申报，可能当场罚款或接受起诉。一些有包装的小零食是可以带的，如豆腐干、话梅等。干海鲜食品也可以入境，如鱼干、鱼片等。但是任何含有植物的根、茎、叶、果、籽等部分的东西不允许携带。任何肉类制品也都不允许携带，包括小型的包装成糖果形状的牛肉干。

5. 药品

游客需要向海关申报所有药品，包括处方药、替代药、草药和中药、维生素和矿物质配方。

6. 酒类商品

如果年满18岁，可将2.25升的酒类商品免税带入澳大利亚。随身行李中的所有酒类均应符合此规定，无论购买的地点或方式如何。

7. 烟草

如果年满18岁，可将一条（250支）香烟或250克雪茄或烟草产品免税带入澳大利亚。随身行李中的所有烟草产品均应符合此规定，无论购买的地点或方式如何。

（二）通过卫生检疫

1. 查验黄皮书

需要查验黄皮书的一些国家，如智利、墨西哥等，要求入境的外国人出具预防霍乱和黄热病的接种和复种证明书。如果团队是到上述国家旅游，领队带领团队经过当地的卫生检疫柜台时，要将黄皮书拿出来以供检查。

2. 查验健康检查申请表

在入境时，一些国家会要求游客填写一张健康检查申请表。这张健康检查申请表的内容多是对一些疾病的询问，如是否患有精神病、麻风病、艾滋病、开放性肺结核，是否来自鼠疫、霍乱、黄热病等疫区。有些国家的健康申报项目与入境卡印在一张纸上，卫生检疫柜台与入境检查柜台也合二为一。

（三）办理入境手续

通常在入境检查柜台前，执勤人员会引导团队游客通过专用通道办理入境。出境旅游领队走在第一位，到入境检查柜台前，向入境检查人员交付护照、签证、机票、入境登记卡（有时入境检查人员要求出境旅游领队出示当地国家旅行社的接待计划或行程表）。

入境检查人员可能就入境的原因进行简单提问，出境旅游领队须做出回答。例如：

问：May I see your passport，please?（请出示你的护照。）

答：Here is my passport.（这是我的护照。）

问：What's the purpose of your visit?（你到此地的目的?）

答：Sightseeing.（观光。）

问：How long will you be staying in Australia?（你计划在澳大利亚逗留多久?）

答：10 days.（10 天。）

问：Where are you staying?（你住在哪里?）

答：I'll stay at Hyatt Hotel.（我住在凯悦酒店。）

问：Do you have a return ticket to China?（你有回中国的返程机票吗?）

答：Yes，here it is.（有，在这里。）

问：How much money do you have with you?（你随身带了多少钱?）

答：I have 2 000 U. S. dollars.（2 000 美元。）

问：Have a nice stay.（祝你旅行愉快!）

答：Thank you.（谢谢!）

当检查人员在护照上盖上入境章时，就表示一切无误，核准入境，他会将护照、机票归还给出境旅游领队及游客。至此，出境旅游领队及游客即通过入境关，正式进入目的地国家（地区）。

（四）领取托运行李

出境旅游领队及游客可按照行李认领处的电子指示牌的标识，在行李转盘上找到自己托运的行李。出境旅游领队在确认自己及游客均拿到托运行李后，可带游客一起去办理入境所需的下一项手续，即接受海关检查。

若游客发现自己行李遗失或损坏，出境旅游领队应协助游客到机场的行李查询台咨询及申报。根据相关规定，行李遗失或延误申报最迟不得超过 21 日（从行李交付之日起算）联系当地的航空公司办事处；损坏申请赔偿不得超过 7 天，否则视乘客自动放弃权利。

航空公司托运行李经常会出现行李未能随乘客一起抵达的情况。通常航空公司会给乘客以适当的补偿，发放一些盥洗用品，并负责在行李抵达后将行李送至乘客下榻的酒店。出境旅游领队应将入境后入住的第一家酒店的名称、地址、电话告诉机场工作人员，以便行李能准确送达。

（五）接受海关检查

出境旅游领队应向游客说明目的地国家（地区）的海关规定，并要求游客认真、负责地填写海关申报单。海关设置有“无申报通道”和“申报通道”（或海关申报台）。无申报物品的游客可选择“无申报通道”，有申报物品的游客应主动选择“申报通道”，并将海关申报单交付海关人员。

一般而言，海关的入境检查方式有 4 种：免检、口头申报、填写海关申报单、填写海关申报单并开箱检查。游客遇到最后一种检查方式的情况比较少。

案例

在国外机场打个电话报平安也会被遣返

最近，在澳大利亚布里斯班国际机场发生了一件分分钟火遍华人圈的大事，几名中国游客下飞机后给家人打电话报平安，自拍发朋友圈，结果被海关罚款。

这几名中国游客是第一次到澳大利亚，刚刚结束 10 多个小时的飞行。他们落地后，有了网络，自然想要赶紧打开手机给家人报平安，顺便拍摄机场，上网发微信、微博。

没想到此举动引起澳大利亚海关人员的“警惕”，他们“咚咚咚”地向这几名中国游客冲了过去，身后还跟着几名安保人员，指了指这几名中国游客的手机，非常严肃地说：“这里是澳大利亚海关的控制区域，法律禁止你们在这个区域使用手机!”之后海关人员警告了用手机打电话的中国游客，并对一直拍照的游客处以罚款。

这几名游客被罚了款，觉得丢钱又丢人。而情节严重的（如对海关人员拍照）就不只是被罚款了，还会被没收手机，甚至被当场拒绝入境，直接遣返。

央视也对此事进行了报道，提醒广大中国公民遵守当地法律，不要在机场海关等禁区使用手机。

（六）与境外地陪导游接洽

因为游客入境时会分散走不同通道，所以出境旅游领队在过关前应和游客做好约定，游客出关后在大门外边出境旅游领队的旗帜下集合。清点人数后，出境旅游领队带领游客找到地陪导游，地陪会接手后面的工作。

若地陪导游未来接机，这时候出境旅游领队要积极联系当地旅行社或地陪导游本人，询问原因并明确见面时间。期间可以先让游客稍事休息，并约定何时在此集合。若是地陪导游不能亲自来接机，而安排了旅行车来接机，那么就要联系司机，问清车号和停放地点，然后带游客上车。

任务实施

1. 布置任务

由小王担任出境旅游领队的“菲律宾六日游”旅游团顺利抵达马尼拉国际机场，现需办理一系列的入境手续。

为了让实训任务顺利完成，任课教师为每组学生准备好了护照、团队签证、入境登记卡（见图 2－6）、出入境健康申请表（见图 2－7）等材料。

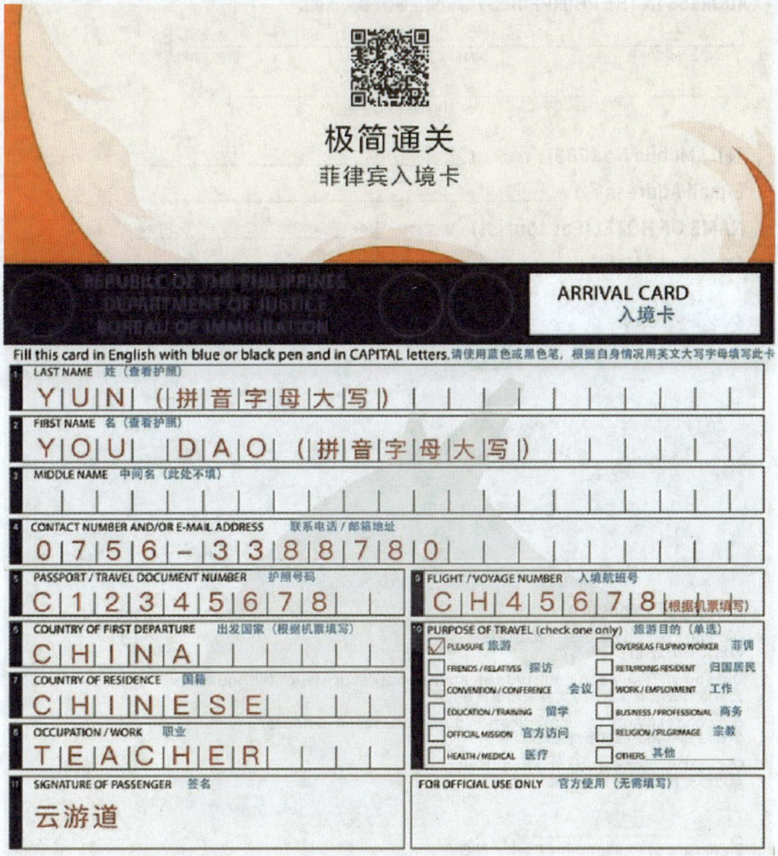
极简通关
菲律宾入境卡

REPUBLIC OF THE PHILIPPINES
DEPARTMENT OF JUSTICE
BUREAU OF IMMIGRATION

ARRIVAL CARD
入境卡

Fill this card in English with blue or black pen and in CAPITAL letters.请使用蓝色或黑色笔，根据自身情况用英文大写字母填写此卡

1 LAST NAME 姓（查看护照）
YUN（拼音字母大写）

2 FIRST NAME 名（查看护照）
YOU DAO（拼音字母大写）

3 MIDDLE NAME 中间名（此处不填）

4 CONTACT NUMBER AND/OR E-MAIL ADDRESS 联系电话/邮箱地址
0756－3388780

5 PASSPORT / TRAVEL DOCUMENT NUMBER 护照号码
C12345678

6 COUNTRY OF FIRST DEPARTURE 出发国家（根据机票填写）
CHINA

7 COUNTRY OF RESIDENCE 国籍
CHINESE

8 OCCUPATION / WORK 职业
TEACHER

9 FLIGHT / VOYAGE NUMBER 入境航班号
CH45678（根据机票填写）

10 PURPOSE OF TRAVEL (check one only) 旅游目的（单选）
☑ PLEASURE 旅游
☐ FRIENDS / RELATIVES 探访
☐ CONVENTION / CONFERENCE 会议
☐ EDUCATION / TRAINING 留学
☐ OFFICIAL MISSION 官方访问
☐ HEALTH / MEDICAL 医疗
☐ OVERSEAS FILIPINO WORKER 菲佣
☐ RETURNING RESIDENT 归国居民
☐ WORK / EMPLOYMENT 工作
☐ BUSINESS / PROFESSIONAL 商务
☐ RELIGION / PILGRIMAGE 宗教
☐ OTHERS 其他

11 SIGNATURE OF PASSENGER 签名
云游道

FOR OFFICIAL USE ONLY 官方使用（无需填写）

图 2－6　菲律宾极简通关入境卡

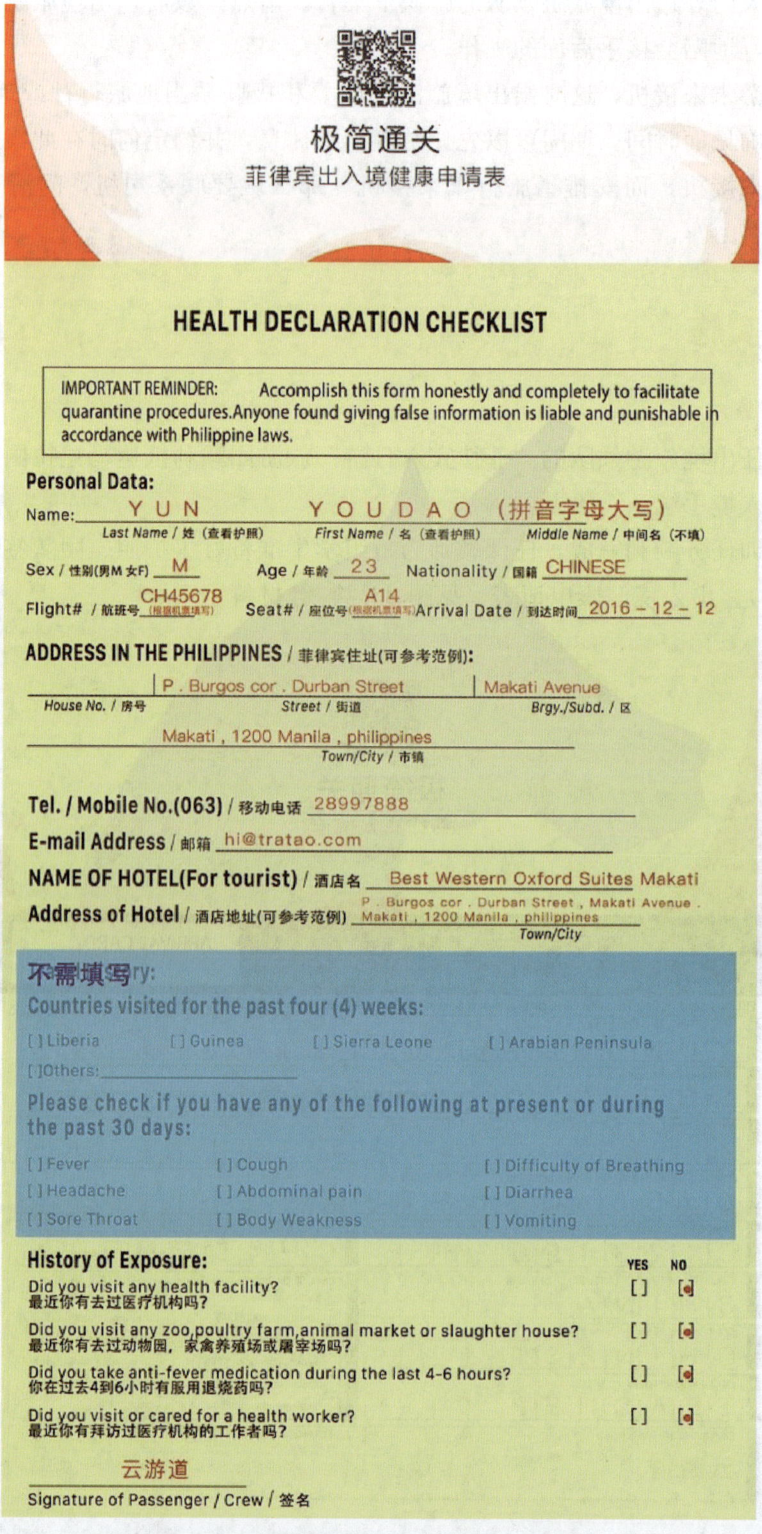

极简通关
菲律宾出入境健康申请表

HEALTH DECLARATION CHECKLIST

IMPORTANT REMINDER: Accomplish this form honestly and completely to facilitate quarantine procedures.Anyone found giving false information is liable and punishable in accordance with Philippine laws.

Personal Data:

Name: YUN YOUDAO （拼音字母大写）
Last Name / 姓（查看护照） First Name / 名（查看护照） Middle Name / 中间名（不填）

Sex / 性别(男M 女F) M Age / 年龄 23 Nationality / 国籍 CHINESE

Flight# / 航班号 CH45678（根据机票填写） Seat# / 座位号 A14（根据机票填写） Arrival Date / 到达时间 2016－12－12

ADDRESS IN THE PHILIPPINES / 菲律宾住址(可参考范例):

House No. / 房号 | P . Burgos cor . Durban Street Street / 街道 | Makati Avenue Brgy./Subd. / 区

Makati , 1200 Manila , philippines
Town/City / 市镇

Tel. / Mobile No.(063) / 移动电话 28997888

E-mail Address / 邮箱 hi@tratao.com

NAME OF HOTEL(For tourist) / 酒店名 Best Western Oxford Suites Makati

Address of Hotel / 酒店地址(可参考范例) P . Burgos cor . Durban Street , Makati Avenue . Makati , 1200 Manila , philippines
Town/City

不需填写ry:

Countries visited for the past four (4) weeks:

[ ] Liberia [ ] Guinea [ ] Sierra Leone [ ] Arabian Peninsula

[ ]Others:

Please check if you have any of the following at present or during the past 30 days:

[ ] Fever	[ ] Cough	[ ] Difficulty of Breathing
[ ] Headache	[ ] Abdominal pain	[ ] Diarrhea
[ ] Sore Throat	[ ] Body Weakness	[ ] Vomiting

History of Exposure:

	YES	NO
Did you visit any health facility? 最近你有去过医疗机构吗?	[ ]	[✓]
Did you visit any zoo,poultry farm,animal market or slaughter house? 最近你有去过动物园，家禽养殖场或屠宰场吗?	[ ]	[✓]
Did you take anti-fever medication during the last 4-6 hours? 你在过去4到6小时有服用退烧药吗?	[ ]	[✓]
Did you visit or cared for a health worker? 最近你有拜访过医疗机构的工作者吗?	[ ]	[✓]

云游道
Signature of Passenger / Crew / 签名

图 2－7 菲律宾极简通关出入境健康申请表

知识链接

菲律宾出入境须知

(1) 旅游者须申报其携带物品的总价值，如实填写海关申报单，如有虚假申报或未申报者，一经查出，将按违反菲律宾海关条例予以处罚，在旅游期间的个人自用物品可不申报；

(2) 根据菲律宾法律，严禁携带武器、爆炸品以及接收器、光盘、立体声收录机等物品入境；

(3) 禁止携带麻醉品、化学物品、未附处方的药品等管制物品，一经查出将视为非法；

(4) 限制农作物、野生动植物及其制品入境，如有携带必须申报，否则将予以没收并受到处罚；

(5) 携带超过10万比索的纸币、硬币、支票、汇票而未申报者，一经查出，将予以没收和处罚；

(6) 走私或携带毒品将被判处死刑。

2. 执行任务

■ 实训条件

模拟机场实训室，可以容纳50人，具有边防检查站、海关申报台、行李转盘处等。如果暂时不具备以上条件，也可以在多媒体教室进行。

学生5～6人一组，分别担任领队、游客、入境检查人员、海关工作人员、行李查询台工作人员、地陪导游等。如果时间允许，每组成员可轮流扮演不同角色，重复实训内容，巩固实训效果。

■ 实训步骤

第一步，出境旅游领队帮助游客填写入境登记卡和海关申报单；

第二步，出境旅游领队带领游客通过卫生检疫；

第三步，出境旅游领队带领游客办理入境手续；

第四步，出境旅游领队带领游客通过海关申报台；

第五步，出境旅游领队带领游客领取行李；

第六步，出境旅游领队带领游客与地陪导游接洽。

3. 成果展示

实训任务完成后，每个小组总结汇报入他国（地区）境实训

提升训练

出境旅游领队带领游客进入菲律宾，与地陪导游接洽时，地陪导游姗姗来迟，据他讲是因为堵车，但是在沟通的过程中地陪导游出言不逊，对此出境旅游领队应该如何应对？

过程，要求提交一份书面报告以及实训视频。现场陈述时，小组中每位学生都要发言，发言主要阐述自己在实训中承担的角色以及完成的内容。每小组的展示及陈述，既要体现小组个人的作用，又要体现团体任务的完整性。

对本任务成果实行过程性评价，分小组自评、小组互评以及教师评价，分别占总成绩的 30%、30%、40%。

任务拓展

为了达到举一反三、巩固提高的目的，配合以上实训任务，给出 3 个拓展任务，任选其中一个作为课后训练任务。完成并成功提交的作品将计入平时成绩。

任务一

在旅行社实训平台上（或与本课程相关的资源库中）找一条日本游或韩国游实训线路，根据准备好的护照、机票、入境登记卡和海关申报单等，分组进行“带团入他国（地区）境”拓展训练。

任务二

找一家旅游网站，选择一条台湾旅游线路，根据线路自行准备大陆居民往来台湾通行证、机票和海关申报单等，分组进行“带团入他国（地区）境”拓展训练。

任务三

找一家校企合作旅行社，选择一条澳新旅游线路，根据线路向合作企业索要护照、机票、入境登记卡和海关申报单等，分组进行“带团入他国（地区）境”拓展训练。

项目三

做好境外全陪服务

- 任务一　入住酒店服务
- 任务二　带领团队游览观光
- 任务三　协同安排用餐
- 任务四　指导完成购物
- 任务五　带领团队观看演出
- 任务六　境外游览中问题的处理

项目概述

出境旅游领队境外全陪服务是保证旅游团（者）的各项活动按计划实施，旅行顺畅、安全的核心环节之一。本项目的主要内容包括到达下榻的酒店后，协助地陪办理有关住店手续；与地陪核对、商定日程，带领团队游览观光；关照游客需求，协同地陪安排用餐；为游客当好顾问，指导完成购物；带领团队观看演出；按照“合理而可能”的原则，帮助游客解决旅行过程中的一些疑难问题。

学习目标

1. 知识目标

（1）熟悉出境旅游领队作为组团旅行社代表的职责；

（2）熟悉接待计划的实施内容，掌握旅游团（者）各项活动中每个环节的衔接；

（3）熟悉旅游团（者）的相关情况，掌握该团重点游客情况和该团的特点；

（4）熟悉与地陪、司机等旅游接待人员之间的协作关系。

2. 技能目标

（1）能够按照境外全陪服务的流程和标准为游客提供服务；

（2）能够正确处理监督与协助两者的关系；

（3）能够做好各站间的联络工作，架起联络沟通的桥梁。

3. 素质目标

（1）在课堂教学中，渗透《旅行社出境旅游服务规范》《中华人民共和国旅游法》等各项规定，培育学生的爱国精神和职业道德；

（2）在实践教学中，指导学生做文明出境领队，践行中央文明办、原国家旅游局颁布的《中国公民出境旅游文明行为指南》以及《导游领队引导文明旅游规范》；

（3）提升学生的专业素养，研究出境旅游者的心理，为游客提供有温度的服务。

任务一　入住酒店服务

任务导入

（1）角色分配与编组：本任务有出境旅游领队、境外导游、酒店前台服务员以及游客等角色。建议 4～5 名学生为一组完成“入住酒店服务”的学习，每名学生轮流担任不同角色。

（2）在教师的指导或安排下完成国（境）外代表性酒店的介绍。

（3）解决游客入住中出现的有关问题。

知识准备

一、基本概念

（一）地方陪同导游员和全程陪同导游员

地方陪同导游员（local guide）简称地陪，是受接待旅行社委派，代表接待社，实施接待计划，为旅游团（者）提供当地旅游活动安排、讲解、翻译等服务的导游人员。境外接待社的导游人员就是境外的地陪。

全程陪同导游员（national guide）简称全陪，是受组团旅行社委派，作为组团社的代表，在领队和地方陪同导游人员的配合下实施接待计划，为旅游团（者）提供全旅程陪同服务的导游人员。出境旅游领队在境外从事陪同服务相当于全陪。

（二）全陪服务

全陪服务是全程陪同服务的简称，在这里是指境外全陪服务。境外全陪服务是保证出境旅游团（者）的各项旅游活动按计划实施，旅行顺畅、安全的核心环节之一。出境旅游领队作为国内组团旅行社的代表，应自始至终参与旅游团（者）全旅程的活动，负责旅游团（者）移动中各环节的衔接，监督接待计划的实施，协调地陪、司机等旅游接待人员的协作关系。

二、入住酒店服务要求

入住酒店服务应使旅游团（者）进入酒店后尽快完成住宿登记手续、入住客房、取得行李等。为此，出境旅游领队应积极主动地和地陪一起办理旅游团的住店手续，并热情地引导游客进入房间，还应协助有关人员随时处理游客住店过程中可能出现的问题。

（一）办理住店登记手续

（1）出境旅游领队和地陪一起向总服务台提供团名、团队名单、团队签证、旅游团住房要求等材料，办理旅游团的入住登记手续；

（2）确认客人用房数与钥匙或房卡是否正确；

（3）确认团队的叫醒时间、用餐时间、出行时间、有无特别要求、联系人房号及联系电话等；

（4）如果酒店具备条件，可将贵重物品寄存在保险箱内。

（二）介绍酒店的基本情况

在发放钥匙或房卡之前，针对中国游客的特点对酒店的基本情况要进行特别介绍：

（1）酒店的名称、方位，内部的健身或娱乐设施、餐厅位置及用餐时间等；

（2）付费服务，如收费电视问题、小费问题等，部分酒店的卫生用品需要向服务生索要并支付费用；

（3）有无吸烟禁令、浴室的使用等其他问题；

（4）出境旅游领队个人的房间号、联络方式。

（三）分房

（1）由出境旅游领队根据团队分房表分配住房，考虑的因素主要有团队资料上游客的姓名、出生日期和备注要求，年纪较大的给离电梯近的房间，新婚夫妇要给大床房；

（2）在团队分房表上填写房号，分发相应的钥匙或房卡，以及印有酒店地址和电话的卡片；

（3）完毕后请酒店前台服务员帮助复印若干份团队分房表，出境旅游领队留底后将复印件交给地陪和酒店前台留存备查。

（四）巡查与处理问题

（1）通过巡视或电话等方式，询问游客的住房状态和满意度；

（2）如有游客反映卫生、房间内设施等问题，及时通知酒店有关部门过来处理；

（3）如发生拿错行李或行李未到等情况，协同境外导游一起处理；

（4）如果境外导游不住酒店，则出境旅游领队应负起责任，提醒游客文明旅游及外出安全；

（5）掌握酒店总机号码及境外导游的联系方式。

案例

游客拿日本马桶盖事件始末

2016 年 10 月 18 日晚，一篇名为《惊了！宁波游客在日本拿走酒店马桶盖，查证后酒店要求导游寄回……》的文章迅速在网络发酵，阅读量超过 10 万。不少网友显得义愤填膺，齐骂丢人。

19 日，事件继续发酵，各路媒体跟进报道。有记者第一时间打电话向宁波市旅游局一位负责人求证。该负责人表示，游客顺走马桶盖事件为真事，但是顺走马桶盖的不是宁波游客，而是从宁波口岸出境的台州游客。文章还提供了一份网上流传的当事人手写的书面材料，内容如下：

本人在 2016 年 10 月 17 日晚入住名古屋酒店，在床底下发现一个盒子，以为是前一位住户遗落的物品，抱着贪小便宜的心理，将此物带出酒店。上大巴车之后，导游通知该物品为酒店物品（备用马桶盖），本人当即答应导游归还此物。由于行程原因不能立刻邮寄回酒店，给地接社、酒店等造成麻烦，本人由衷表示歉意、忏悔，希望酒店、地接社能够宽大处理此事件，这种不当行为保证不会再发生，非常抱歉。

19 日晚，宁波市旅游局对事件做出官方声明：（1）当事人非宁波籍；（2）该游客的确拿走了床下物品；（3）得知消息后当事人第一时间返还了马桶盖；（4）游客由衷表示道歉、忏悔。

20 日，据媒体报道称，由于此事发酵，当事游客承受了巨大压力，情绪很不稳定，将提前回国。而宁波市旅游局还公布了此后的措施：将建立不文明旅游“黑名单”制度；旅行社组团社须召开出团说明会及设置游客文明督导员。

任务实施

1. 布置任务

出境旅游领队小张带领 16 人的“吴哥窟 6 日游”团队抵达柬埔寨的吴哥天堂酒店，他与境外导游吴某在酒店前台办理入住手续后，根据团队分房表安排游客住宿，处理游客可能发生的问题。

为了顺利完成实训任务，任课教师为每组学生准备了团队分房表（见表 3－1）、吴哥天堂酒店简介以及柬埔寨酒店入住须知。

表 3-1 团队分房表

团队名称：××× 团号：×××
总人数：××（男××，女××，其中 12 岁以下小童×）
领队姓名：××× 线路：×××

<table>
<tr><th>序号</th><th>姓名</th><th>性别</th><th>出生日期</th><th>出生地</th><th>证件号码</th><th>发证机关</th><th>签发时间</th><th>有效期至</th><th>电话</th><th>备注</th><th>房号</th></tr>
<tr><td>1</td><td>张×</td><td>M</td><td>1990.7.1</td><td>鲁</td><td>E×</td><td>鲁</td><td>×</td><td>×</td><td>×</td><td>领队</td><td></td></tr>
<tr><td>2</td><td>艾×</td><td>F</td><td>1977.2.6</td><td>鲁</td><td>E×</td><td>鲁</td><td>×</td><td>×</td><td rowspan="3">×</td><td rowspan="3">父母与女儿</td><td></td></tr>
<tr><td>3</td><td>范×</td><td>M</td><td>1976.3.9</td><td>鲁</td><td>E×</td><td>鲁</td><td>×</td><td>×</td><td></td></tr>
<tr><td>4</td><td>范×</td><td>F</td><td>2009.3.5</td><td>鲁</td><td>E×</td><td>鲁</td><td>×</td><td>×</td><td></td></tr>
<tr><td>5</td><td>李×</td><td>F</td><td>1994.7.6</td><td>鲁</td><td>E×</td><td>鲁</td><td>×</td><td>×</td><td>×</td><td rowspan="2">1 间</td><td></td></tr>
<tr><td>6</td><td>顾×</td><td>F</td><td>1996.8.2</td><td>鲁</td><td>E×</td><td>鲁</td><td>×</td><td>×</td><td>×</td><td></td></tr>
<tr><td>7</td><td>田×</td><td>M</td><td>1995.5.3</td><td>鲁</td><td>E×</td><td>鲁</td><td>×</td><td>×</td><td>×</td><td rowspan="2">1 间</td><td></td></tr>
<tr><td>8</td><td>邵×</td><td>F</td><td>1997.3.6</td><td>鲁</td><td>E×</td><td>鲁</td><td>×</td><td>×</td><td>×</td><td></td></tr>
<tr><td>9</td><td>王×</td><td>F</td><td>1976.6.2</td><td>鲁</td><td>E×</td><td>鲁</td><td>×</td><td>×</td><td rowspan="2">×</td><td rowspan="2">母女
1 间</td><td></td></tr>
<tr><td>10</td><td>孟×</td><td>F</td><td>2010.2.4</td><td>鲁</td><td>E×</td><td>鲁</td><td>×</td><td>×</td><td></td></tr>
<tr><td>11</td><td>吴×</td><td>F</td><td>1984.7.9</td><td>鲁</td><td>E×</td><td>鲁</td><td>×</td><td>×</td><td>×</td><td rowspan="2">1 间</td><td></td></tr>
<tr><td>12</td><td>闫×</td><td>M</td><td>1981.4.8</td><td>鲁</td><td>E×</td><td>鲁</td><td>×</td><td>×</td><td>×</td><td></td></tr>
<tr><td>13</td><td>孙×</td><td>M</td><td>1977.5.4</td><td>鲁</td><td>E×</td><td>鲁</td><td>×</td><td>×</td><td>×</td><td rowspan="2">1 间</td><td></td></tr>
<tr><td>14</td><td>孔×</td><td>F</td><td>1980.3.7</td><td>鲁</td><td>E×</td><td>鲁</td><td>×</td><td>×</td><td>×</td><td></td></tr>
<tr><td>15</td><td>季×</td><td>F</td><td>1994.9.2</td><td>鲁</td><td>E×</td><td>鲁</td><td>×</td><td>×</td><td>×</td><td></td><td></td></tr>
<tr><td>16</td><td>刘×</td><td>M</td><td>1991.6.3</td><td>鲁</td><td>E×</td><td>鲁</td><td>×</td><td>×</td><td>×</td><td></td><td></td></tr>
<tr><td>17</td><td>曲×</td><td>M</td><td>1981.9.9</td><td>鲁</td><td>E×</td><td>鲁</td><td>×</td><td>×</td><td>×</td><td></td><td></td></tr>
</table>

出发日期：××××年××月××日 旅行天数：×× 客人来源：×××

知识链接

吴哥天堂酒店

吴哥天堂酒店距离被联合国教科文组织列为世界遗产的吴哥窟约 7 000 米，距离中央市场和多间当地商店均有 5 分钟步行路程，距离皇宫和老市场均有 10 分钟步行路程，距离吴哥窟博物馆 1 000 米，距离最近的机场——暹粒国际机场有约 7 000 米车程，酒店提供从机场出发的免费接机服务。

酒店设有室外游泳池。客人可以在内部餐厅享用餐点或者在酒吧小酌一杯。酒店提供覆盖各处的免费 Wi-Fi。空调客房设有私人阳台、抛光木地板和现代家具，每间都配有沏茶/咖啡设施、有线电视以及办公桌。除了 24 小时前台以外，酒店还设有提供传真和复印等服务的功能齐全的商务中心。此外，客人可以在健身房健身，或在桑拿浴室放松。Palm 餐厅供应亚洲和美式融合菜肴。Sunrise 酒吧供应各种饮料，并提供现场表演。

知识链接

柬埔寨酒店入住须知

(1) 目前很多酒店备有一次性用品（建议自带）；酒店备有热水壶；建议每人每晚小费 1 000 瑞尔/间房，需行李员搬行李 1 000 瑞尔/间房；大部分酒店有免费电脑可供上网，个别酒店上网需付费，费用约 3 美元/小时（参考价）。

(2) 酒店房间内小冰箱里的食物不含在团费中，如享用这些食物，请离店时到前台付费。

(3) 酒店房间内电话拨打市内、长途请自觉付费。建议使用个人电话或在当地买电话卡。

(4) 建议入住酒店后，即索取酒店名片（上面有酒店的名称、地址、电话），并记下领队或其他团员的房间号码，外出时随身携带，以备急用；如遇紧急事件，亦可与前台联系。

(5) 入住酒店后，首先检查一下房间内的各种设施、电器开关、遥控器是否完好，如有损坏，请立即报告出境旅游领队，以免离店时被误认为是客人损坏；请爱护酒店设施，烟灰和烟头不能丢在地毯上，如有损坏，则需客人赔偿。

(6) 房间里的热水仅供洗浴、不可饮用；沐浴时，须拉拢浴帘并将其底襟放在浴缸内，以防溅湿地面；谨防滑倒跌伤；请勿在窗外或阳台上挂晾衣物。

(7) 酒店各房间之间可以免费通电话；向酒店外打电话（价格较贵）、上网、洗衣服、饮食房间内小吧台或冰箱里的食品饮料，都需要客人离店时提前到酒店前台付款结账。

(8) 房间里的空调需要客人自行调节，睡觉前应将室温调高一些，以防贪凉感冒。

(9) 进房间后，将防盗链扣上；听到敲门声，需弄清楚来者身份，再打开防盗链，非本团人员或服务人员都不能随便让其进入房间内；周围如发现可疑人或可疑事一定要告知管理人员。

(10) 退房时不要把项链、钱包、手机等遗忘在枕下或洗漱间，保管好房卡，锁好房门。

(11) 夜间晚归一定要走酒店的主出入口；返回房间时如发现门开着或未上锁，不要进门，应立即报告出境旅游领队或当地导游。

(12) 重要物品请勿置于房内，宜寄放于酒店前台保险箱。

2. 执行任务

■ 实训条件

模拟实训室，装有旅行社管理实训平台，能上网，能发布和提交作业，能完成实训成果展示。如果暂时不具备以上条件，也可以在能上网的多媒体教室进行。

学生 4～5 人一组，分别担任出境领队、地陪、饭店前台服务员以及游客。如果时间允许，每组成员可轮流扮演不同角色，重复实训内容，巩固实训效果。

■ 实训步骤

第一步，出境旅游领队和境外导游在酒店前台办理入住手续；

第二步，境外导游介绍入住酒店的基本情况；

第三步，在境外导游的协助下，出境旅游领队按团队分房表进行分房；

第四步，巡查房间并处理游客反映的相关问题。

3. 成果展示

实训任务完成后，每个小组用 PPT 展示酒店基本情况介绍以及实训过程（可插入实训视频）。现场陈述时，小组中每位学生都要发言，发言主要阐述自己在实训中承担的角色以及完成的内容。每小组的展示及陈述，既要体现小组个人的作用，又要体现团体任务的完整性。

对本任务成果实行过程性评价，分小组自评、小组互评以及教师评价，分别占总成绩的 30%、30%、40%。

提升训练

如果分房之后，有一位游客提出更换房间的要求，但没有其他游客愿意调换，而且酒店无法提供更多的客房，怎么办？

任务拓展

为了达到举一反三、巩固提高的目的，配合以上实训任务，给出 3 个拓展任务，任选其中一个作为课后训练任务。完成并成功提交的作品将计入平时成绩。

任务一

在旅行社实训平台上找一条日本游或韩国游实训线路，根据准备好的团队分房表、酒店基本情况介绍等材料，分组进行“入住酒店服务”拓展训练。

任务二

找一家旅游网站，选择一条港澳旅游线路，根据线路自行准备分房表、酒店基本情况介绍等材料，分组进行“入住酒店服务”拓展训练。

任务三

找一家校企合作旅行社，选择一条澳新旅游线路，根据线路向合作企业索要团队分房表、酒店基本情况介绍等材料，分组进行“入住酒店服务”拓展训练。

任务二　带领团队游览观光

任务导人

（1）角色分配与编组：本任务有出境领队、地陪、游客等角色。建议 3～4 名学生为一组完成“带领团队游览观光”的学习，每名学生轮流担任不同角色。

（2）在教师的指导或安排下介绍团队游览观光线路。

（3）自行设计旅游行程表。

知识准备

一、境外导游的服务要求

（一）核对、商定节目安排

旅游团开始参观游览之前，境外导游应与出境旅游领队核对、商定本地节目安排，并及时通知每一位游客。

（二）游览中的导游、讲解服务

游览过程中，应努力使旅游团游览全过程安全、顺利。应使游客详细了解参观游览对象的特色、历史背景等其他感兴趣的问题。

1. 出发前的服务

出发前，境外导游应提前 10 分钟到达集合地点，并督促司机做好出发前的各项准备工作。境外导游应请游客及时上车。上车后，应清点人数，向游客报告当日重要新闻、天气情况及当日活动安排，包括午、晚餐的时间、地点。

2. 前往景点途中的讲解

在前往景点的途中，境外导游应向游客介绍本地的风土人情、自然景观，回答游客提出的问题。

抵达景点前，境外导游应向游客介绍该景点的简要情况，尤其是景点的历史价值和特色。抵达景点后，境外导游应告知在景点停留的时间，以及游览结束后集合的时间和地点。境外导游还应向游客讲明游览过程中的有关注意事项。

3. 景点导游讲解

抵达景点后，境外导游应对景点进行讲解。讲解内容应繁简适度，应包括该景点的历史背景、特色、地位、价值等方面的内容。讲解的语言应生动，富有表达力。

在景点导游的过程中，境外导游应保证在计划的时间与费用内，游客能充分地游览、观赏，做到讲解与引导游览相结合，适当集中与分散相结合，劳逸适度，并应特别关照老弱病残游客。

在景点导游的过程中，境外导游应注意游客的安全，要自始至终与游客一起活动，并随时清点人数，以防游客走失。

二、出境旅游领队在游览中的主要工作

（一）让游客清楚了解每日的计划行程

（1）抵达目的地首日，出境旅游领队与境外导游应将本地的计划行程告知游客。由于旅游团在目的地的游览观光常会因为交通、天气等原因进行调整，未必会完全按照行程表进行，对此应事先告知，而且经过出境旅游领队与境外导游协商调整后的日程需及时通知每一位游客。

（2）每天上车后第一件事就是告诉游客当日的行程，并且在一天之中要多次提及。例如：在午后，对当日下午的行程应再予以重复，以便游客始终有清晰的认知和遵循计划的意识。

（3）对次日行程要提前预告。当天游览结束后，出境旅游领队或境外导游应该将次日的全部行程、出发时间和注意事项提前告诉游客，特别是当晚上有活动安排返回酒店时间很晚的时候，更应该着重提醒游客。

（二）辅助境外导游完成游览计划

（1）出境旅游领队应协助境外导游完成对旅游景点的讲解工作。如果境外导游对景点的部分内容讲解不够充分，或者对涉及的人名、地名的中文翻译不够清楚，出境旅游领队可在旁边轻声向地陪提醒。

（2）在游览过程中，出境旅游领队和境外导游要告诉游客每一处景点的停留时间，参观游览结束后集合的时间和地点，以及游览时的注意事项。在境外导游率领团队向前行进并进行现场讲解时，出境旅游领队应随时清点人数，以防游客走失。因而，出境旅游领队的站位应始终在团队的最后，与境外导游首尾呼应。

案例

孩子在埃及神庙刻“到此一游”

2013 年 5 月 24 日晚上 11 点多，有网友说在埃及卢克索神庙的浮雕上，看到了“×

××到此一游”几个字。他说这是自己在埃及最难过的一刻，无地自容。他对埃及导游说：“实在对不起!”埃及导游安慰道：“这不是你们的错，这一定是哪个导游的错，导游应该阻止。”他们试图用纸巾擦掉字迹，但很难擦干净。

5月25日早上，有网友发微博称，在埃及浮雕上刻画的人很可能是一名学生。下午，一位中年男子打进某媒体24小时新闻热线，称要为“到此一游”事件道歉。在约定的地点，记者见到了孩子的父母。

孩子的母亲流泪不止，他们对孩子去埃及旅游，以及当时在浮雕上涂鸦的具体时间和情景并不愿意多说，只称是在孩子年纪小的时候发生的。当时那个旅行团人比较多，大家都各自欣赏风景，家人也没注意到孩子在浮雕上刻字了。后来听孩子说了这事，当时就批评了他，孩子也认识到了错误。

“孩子犯错误，主要责任在大人，是我们监护不到位，平时教育得不好，我们和孩子向关注此事的人道歉，也向埃及方面道歉。”孩子的父亲称，这事在网络上传开后，他们心里很内疚，希望通过媒体为此事道歉。

相关法规：

《中华人民共和国旅游法》明确规定：旅游者在旅游活动中应当遵守社会公共秩序和社会公德，尊重当地的风俗习惯、文化传统和宗教信仰，爱护旅游资源，遵守旅游文明行为规范。

其他案例：

帕劳：黄渤潜水捞到“中华”烟盒

2013年2月，黄渤在太平洋岛国帕劳度假时，在其微博中晒出了中国游客随手乱扔垃圾的照片，并感慨说：“那日帕劳潜水，正为上帝的奇作美景唏嘘不已，突看见水面漂浮一烟盒，心中暗骂哪来的无德之人，这么干净的水怎丢得下手！突然看见烟盒上两个大字‘中华’，臊得我上去一把捏在手里，像做贼一样生怕被别人看见，一直带回岸边。朋友啊，去别人家做客咱客气点，这脸丢不起啊!”

马尔代夫：中国游客捞珊瑚

2013年5月，马尔代夫当地的一位潜水教练偶然翻看微信中“附近人的照片”时，惊讶地发现，海滩附近有一位中国女游客晒出了自己刚捞出的珊瑚照，并这样写道：“刚刚捞到的珊瑚漂亮不?”

美国：骑在华尔街铜牛上大肆拍照

纽约华尔街铜牛闻名于世，到纽约的游客常常要到铜牛前合影留念，希望有好运气。然而，有一群中国游客则翻身骑牛，大肆拍照留念。

任务实施

1. 布置任务

出境旅游领队小张带领 12 人的“泰国 10 日游”团队，在泰国地陪吴某的陪同下按行程表（见表 3－2）游览。在游览过程中，游客一致提出需要增加浮潜活动，小张与泰国地陪吴某协商，在保证游览行程的基础上，妥善解决此问题。

表 3－2　　泰国旅游行程表

	日期	路线	时间	行程	备注
D1	2016/8/5（周五）	北京—曼谷	19:35—23:40	国航 CA979 北京—曼谷	
				拿地图、换小额泰铢、购买电话卡	
				金银花园素万那普机场酒店（Silver Gold Garden Suvarnabhumi Airport Hotel）住宿	不含早，机场接送
D2	2016/8/6（周六）	曼谷—普吉—皮皮岛	7:50—9:20	亚航 FD3023 曼谷—普吉	
				购买往返皮皮岛船票＋预订机场送机	
				江西冷购物中心＋芭东海滩看日落	
			19:30—21:30	幻多奇秀	
				7Q 酒店（7Q Hotel）住宿	不含早
D3	2016/8/7（周日）	普吉—皮皮岛	8:30—19:00	普吉岛—皮皮岛大船	
				预订下午南边岛屿出海	
				海上观日落	
				皮皮岛卡巴娜酒店（Phi Phi Island Cabana Hotel）住宿	含早餐
D4	2016/8/8（周一）	皮皮岛	全天	预订包船北边岛屿出海	
				普吉海滩看日落或者皮划艇观日落或看日落	
				皮皮岛卡巴娜酒店（Phi Phi Island Cabana Hotel）住宿	含早餐
D5	2016/8/9（周二）	皮皮岛—普吉—清迈		观 PP 岛全景	
				大树下喝果饮	
			14:30—16:00	皮皮岛—普吉岛大船	
			20:15—22:15	亚航 FD3976 普吉—清迈	
				荣颂歌酒店（Vieng Mantra Hotel）住宿	含早餐
D6	2016/8/10（周三）	清迈	全天	城市徒步旅行＋预订素贴山半日游＋预订骑象一日游	
				素贴山半日游	
				逛夜市	
				荣颂歌酒店（Vieng Mantra Hotel）住宿	含早餐

续前表

	日期	路线	时间	行程	备注
D7	2016/8/11（周四）	清迈	全天	骑大象一日游	
				体验泰式按摩	
				荣颂歌酒店（Vieng Mantra Hotel）住宿	含早餐
D8	2016/8/12（周五）	清迈—曼谷		城市徒步旅行+清迈寺院游览	
			14:35—15:45	亚航 FD3235 清迈—曼谷	
				考山路逛街+咨询水上市场项目	
				福特维尔宾馆（Fortville Guest-house）住宿	不含早
D9	2016/8/13（周六）	曼谷	全天	水上市场（视情况）	
				大皇宫、玉佛寺、郑王庙、卧佛寺	
				曼谷夜市	
D10	2016/8/14（周日）	曼谷—北京	1:00—6:00	国航 CA980 曼谷—北京	

2. 执行任务

■ 实训条件

模拟实训室，装有旅行社管理实训平台，能上网，能发布和提交作业，能完成实训成果展示。如果暂时不具备以上条件，也可以在能上网的多媒体教室进行。

学生 3～4 人一组，分别担任出境旅游领队、境外导游以及游客。如果时间允许，每组成员可轮流扮演不同角色，重复实训内容，巩固实训效果。

■ 实训步骤

第一步，分组模拟“带领团队游览观光”（假设游览点是普吉岛）；

第二步，游客提出增加浮潜活动；

第三步，出境旅游领队境外导游协商；

第四步，公布解决方案；

第五步，处理游客反映的相关问题。

3. 成果展示

实训任务完成后，每个小组用 PPT 展示“带领团队游览观光”实训过程（可插入视频）。陈述时，小组中每位学生都要发言，发言主要阐述自己在实训中承担的角色以及完成的内容。每小组的展示及陈述，既要体现小组个人的作用，又要体现团体任务的完整性。

对本任务成果实行过程性评价，分小组自评、小组互评以及教师评价，分别占总成绩的 30%、30%、40%。

提升训练

如果在游览的过程中，有游客提出来有私事需要办理，不随团活动，作为出境旅游领队，你应该怎样处理？

任务拓展

为了达到举一反三、巩固提高的目的，配合以上实训任务，给出 3 个拓展任务，任选其中一个作为课后训练任务。完成并成功提交的作品将计入平时成绩。

任务一

在旅行社实训平台上找一条日本游或韩国游实训线路，根据准备好的游览行程表及相关景点材料，分组进行“带领团队游览观光”拓展训练。

任务二

找一家旅游网站，选择一条港澳旅游线路，根据线路自行准备旅游行程表及相关景点材料，分组进行“带领团队游览观光”拓展训练。

任务三

找一家校企合作旅行社，选择一条澳新旅游线路，根据线路向合作企业索要旅游行程表及相关景点材料，分组进行“带领团队游览观光”拓展训练。

任务三 协同安排用餐

任务导入

（1）角色分配与编组：本任务有出境旅游领队、境外导游、餐厅服务人员以及游客等角色。建议 4～5 名学生为一组完成“协同安排用餐”的学习，每名学生轮流担任不同角色。

（2）在教师的指导或安排下进行“协同安排用餐”的实训。

（3）出境旅游领队和境外导游解决游客用餐的有关问题。

知识准备

一、中西方餐饮礼仪比较

餐饮礼仪是指人们在赴宴进餐过程中，根据一定的风俗习惯约定俗成的仪式和行为，在仪态、餐具使用、菜品食用等方面表现出的自律和敬人的行为，是餐饮活动中需要遵循的行为规范与准则。

（一）出席时间

与中国人相比，西方人的时间观念较强。在西方国家，各种活动都按预定的时间开始，客人迟到是很不礼貌的行为。正式的宴会要求准时到达，10 分钟后仍不到者将会被视为不合礼仪，是对主人及其他客人的不尊重。

（二）入座的位置

在中国，一般是客齐后主人入席，以左为上，视为首席，相对首座为二座，首座之下有三座，二座之下为四座。在西方，一般而言，面对门的离门最远的那个座位是女主人的，与之相对的是男主人的座位。女主人右手边的座位是第一主宾席，一般是一位先生，男主人右边的座位是第二主宾席，一般是主宾的夫人。女主人左边的座位是第三主宾席，男主人左边的座位是第四主宾席。

（三）上菜顺序

在中国（特别是广东），第一道菜是汤，紧接着是其他菜和主食（如米饭），再则是餐酒，最后上的是水果，用来促进消化；在西方，上菜顺序一般是头盘、汤、主菜、蔬菜、甜点和热饮。

（四）餐具

在中国，餐具一般有杯子、盘子、碗、碟子、筷子、匙羹等；在西方，餐具有刀、叉、匙、杯、盘等。刀叉分为食用刀、鱼刀、肉刀、奶油刀、水果刀；叉又分为食用叉、鱼叉、龙虾叉。茶杯、咖啡杯为瓷器并配有小碟，水杯、酒杯多为玻璃制品。

（五）进餐礼仪

中餐的进餐礼仪体现“让”的精神，开始时所有的人都会等待主人，只有当主人请客人用餐时，才表示宴会开始，而主人一般要先给主宾夹菜，请其先用。当有新菜上来，请主人、主宾和年长者先用以示尊敬。西餐的进餐礼仪传达的是一种“美”的追求，整个进餐过程不但要美味，更要悦目、悦耳。进餐时不能发出不悦耳的声音，相互间交谈要轻言细语，不能高声喧哗。

（六）餐桌气氛

西方人平日好动，挥手耸肩等形体语言特别丰富。但一坐到餐桌上便专心致志地、安静地享用自己的盘中餐。中国人平日好静，一坐上餐桌，便滔滔不绝，相互让菜、劝酒。中国人餐桌上的闹与西方餐桌上的静反映出了中西饮食文化上的根本差异。中国人以食为人生之至乐，所以餐桌上人们尽情地享受美味佳肴，餐桌上的热闹反映了食客发自内心的欢快。

知识链接

12 种不得不知的就餐礼仪

(1) 在日本，不要把筷子竖直地插在米饭碗里，不用筷子时要把筷子平行横放在桌子一角。

(2) 在墨西哥，吃炸玉米饼的时候使用餐具被认为是愚蠢而势利的。

(3) 在中国南方，就餐时不宜翻动鱼身，可将鱼骨剔除后再吃另一边的鱼。

(4) 在中东，当你与贝都因人喝咖啡时，你一喝完，服务员就会给你继续加满咖啡。如果你不想喝了，记得把杯子倾斜两到三次。

(5) 在智利，不要用手取任何食物。

(6) 在韩国，如果长辈给你倒酒，要双手接过杯子，轻轻地抿一口以示尊重。在长辈未开始用餐前不要用餐。

(7) 在俄罗斯，在酒中混合其他的酒或饮料会被看成是破坏酒的纯度，而拒绝别人的伏特加则被认为是你不信任对方，不想和他做朋友。

(8) 在意大利，在比萨上加上干酪被认为是不妥当的。实际上，很多意大利菜都是不需要额外再加配料的。

(9) 在泰国，叉子是用来把食物放在勺子里的。当只有单独的非米饭类的食物时才可以用叉子把食物送入嘴中。

(10) 在中东、印度和非洲部分地区，不要用左手用餐，由于某些特别的原因，左手被认为是不干净的。

(11) 在法国，不要把面包当作开胃品，淀粉混合物尤其是加上奶油的淀粉混合物是在餐后才吃的。

(12) 在格鲁吉亚的传统宴会上，人们喝酒一般都是一饮而尽的。

二、协同安排用餐的服务要求

出境旅游领队的就餐服务包含如下内容：简单介绍餐厅及其菜肴的特色；引导游客到餐厅入座，并介绍餐厅的有关设施；向游客说明酒水的类别；解答游客在用餐过程中的提问，解决出现的问题。

（一）对游客用餐的提醒

(1) 出境旅游领队应当将国外的一些用餐规矩告诉游客，如是否允许自带酒水等事项；

(2) 在吃自助餐时，一次不要拿取太多，拿取的食物一定不要浪费；

（3）注意用餐过程中不能大声喧哗；

（4）告知餐厅的一些特别规定，如是否允许吸烟等。

（二）游客用餐过程中的服务

（1）随时走动，看游客是否需要添饭，菜量是否合适；

（2）游客如需购买啤酒、饮料，出境旅游领队应提供语言翻译上的帮助；

（3）旅游团队吃饭速度较快，出境旅游领队应适应这种节奏；

（4）出境旅游领队通常会安排与境外导游一起用餐，在照顾完游客后，要把握好进餐时间，同时防止游客吃完饭后走失走散。

案例

“中国游客泰国吃自助餐疯狂铲虾”事件

2016 年 3 月，一段“中国游客泰国吃自助餐疯狂铲虾”的视频在网络上热传。与此同时，还有网友发布照片称，“抢虾”后游客并未吃完这些虾，存在明显的浪费现象。

事件：中国游客在泰国餐厅用盘子“铲虾”引争议

据媒体报道，一名泰国网友通过网络社交媒体发布了中国游客在泰国王权免税店自助餐厅疯狂铲虾的 32 秒视频，视频中数十名中国游客挤在放有大虾的餐台前，用盘子当作工具去铲虾。前面的游客还没有盛完，后一排的游客便插空蜂拥而上。画面正中间，一位女士盛了满满三盘虾后，端着盘子挤出了人群。还有的游客把落在餐台上的虾一个个捡起，放入盘中。

在视频热传的同时，还有网友上传了据称是“中国游客疯狂抢虾”的后续图片。图片显示，用餐结束后，桌上残留着不少剩饭剩菜，甚至还有不少整盘的大虾被完整地留在了餐桌上。但这些照片的真实性尚未得到确认。

调查：曼谷王权免税店称事发于一两年前

泰国王权免税店工作人员向记者证实，视频内容发生在该店，但该视频记录的情况并非发生在最近，“这应该是一两年前的事，不明白为什么网上现在出现这条视频”。随后，两位在泰国曼谷王权免税店从事热线服务的工作人员在受访中也均表示，已经通过互联网看过该视频，这则视频记录的情景的确是发生在该店餐厅。当记者追问发生在王权免税店的哪家餐厅时，两位工作人员表示“这是公司的秘密”。

对于王权免税店自助餐厅的价格，上述两位工作人员称，不清楚相关价格，因为中国游客用餐一般都是通过旅行团订的。而对于视频里游客的行为，上述两位工作人员表示“不方便发表任何意见”。

释疑：曾去过的游客说，除了大虾其他菜少，吃半小时就有导游催

上述视频热传后，不少曾去过视频中自助餐厅的网友发文参与了讨论。杨明娜（化名）告诉记者，她曾去过的那家餐厅是一家自助餐厅，位于泰国曼谷的王权免税店上面。“到达后看到自助餐厅里满满的都是人，取餐的餐台处的人也很多，而且夹子很少。去的旅游团很多，餐厅明显超负荷了。”

另一位游客李先生曾在2014年12月去过这家餐厅。据李先生回忆，当时他进入餐厅后，看到餐台上的菜品所剩无几，“有汤的只剩下汤水，菜剩下几根，炒饭只有角落里还剩一些，而且都是冷的”。在餐厅转了转后，李先生看到有服务员上了虾，“之后很多人都去拿虾，不一会儿就没有了”。此外，李先生称，餐台上只有两个夹子，但是拿虾的人多，所以有人会用盘子盛。

为什么视频里的游客显得十分着急，看起来像是在争抢虾？李先生告诉记者，“那家餐厅游客特别多，要进去吃饭还得在餐厅门口等一两个小时，有空位才能进去吃”。而大概吃了半个小时后，导游就会来催促他们离开。对于视频里有游客浪费食物的不文明现象，杨明娜表示：“浪费现象也是有的，这确实不对，但没有视频里这么夸张。”

出境旅游领队：旅游团多去该餐厅，不文明现象不常见

据一家旅行社的出境旅游领队张女士介绍，她曾带队去视频中的这个餐厅用过餐，餐厅位于曼谷的连锁免税店中，一般去曼谷的团队都会去这个免税店，顺便在这里吃饭。该餐厅以虾为主打特色，餐厅里有两个取餐区域，分别有两个池子取虾，也有沙拉和东南亚风味饮食。但除了虾外，好吃的东西不是很多，而且虾的补餐速度相对较快，所以大部分游客都以吃虾为主。看到这个视频后她和其他领队也很吃惊，大家在群里还就此热烈讨论了一番，都觉得视频中的情况比较夸张，“就视频而言游客的行为的确有些不文明，但我们带的团里这种情况很少出现”。

张女士说，这家餐厅因为开在免税店里，所以泰国当地人很少，餐厅里95%的客人都是外国团队，而其中90%都是中国人。客人拿盘子取餐的情况的确有，但像视频中疯抢、浪费的情况并没有那么严重。因为没有遇到过这么夸张的情况，张女士也没有看到有餐厅工作人员上前劝阻的情况出现。

任务实施

1. 布置任务

出境旅游领队小张带领12人的“日本6日游”团队抵达东京，按照既定的计划，在某家寿司店用午餐，他向游客讲解了寿司店的传统规矩之后带领大家就餐。

知识链接

日本寿司店的传统规矩

● 寿司饭不能蘸酱油

对于吃寿司的工具没有太严格的限制，用手或者筷子都可以。但是有一点需要注意，那就是寿司饭坚决不能蘸着酱油吃，这样的吃法有违礼节，而且酱油还会影响寿司本身的味道。

● 军舰卷的正确吃法

比较推荐的方法有两种：其一是滴上酱油后吃，其二就是请寿司厨师使用刷子涂抹酱油后吃。错误的方法则是使用醋姜替代刷子涂抹酱油，这种做法在礼节上是不适宜的。

● 吃寿司时座席的上座在店主人的正对面

一般而言，寿司店的最上座是在店主人的正对面，因为这个位置便于与店家或者寿司厨师交流，因此如果带着贵宾去吃寿司，最好将这个座位让给对方。

● 点寿司的顺序

点寿司的顺序也是很有讲究的，先后顺序大体如下：

(1) 比较清淡的白肉以及鲜味十足的贝类；

(2) 味道浓厚且有光泽的鱼类；

(3) 比较甘甜的鳗鱼以及煎蛋卷。

当然，上述的先后顺序只是原则上的规定，并非绝对，但是有一种寿司必须放在最后点，那就是卷寿司，这属于硬性规定。如果在最后感觉没吃饱的话，就可以点一些卷寿司。

除了上述的规矩礼节外，还有一些其他细节需要引起注意，如“不能只点自己喜欢的寿司”“寿司厨师做好寿司后不能长时间放置，而应该立即吃掉”“进寿司店前最好不要喷太浓的香水”“最好不要在店里随意拍照”等。

2. 执行任务

■ 实训条件

模拟实训室，装有旅行社管理实训平台，能上网，能发布和提交作业，能完成实训成果展示。如果暂时不具备以上条件，也可以在能上网的多媒体教室进行。

学生 4～5 人一组，分别担任出境旅游领队、境外导游、寿司店服务人员以及游客。如果时间允许，每组成员可轮流扮演不同角色，重复实训内容，巩固实训效果。

■ 实训步骤

第一步，出境旅游领队讲解寿司店的传统规矩；

第二步，游客脱鞋入座就餐；

第三步，服务员按程序上餐；

第四步，出境旅游领队处理游客在用餐过程中产生的问题。

3. 成果展示

实训任务完成后，每个小组用 PPT 展示就餐餐馆的基本情况介绍以及实训过程（可插入实训视频）。陈述时，小组中每位学生都要发言，发言主要阐述自己在实训中承担的角色以及完成的内容。每小组的展示及陈述，既要体现小组个人的作用，又要体现团体任务的完整性。

对本任务成果实行过程性评价，分小组自评、小组互评以及教师评价，分别占总成绩的 30%、30%、40%。

提升训练

如果在就餐的过程中，有游客拿出自带的酒水，但寿司店不允许自带酒水，出境旅游领队应该怎么处理？

任务拓展

为了达到举一反三、巩固提高的目的，配合以上实训任务，给出 3 个拓展任务，任选其中一个作为课后训练任务。完成并成功提交的作品将计入平时成绩。

任务一

在旅行社实训平台上找一条韩国游实训线路，根据准备好的就餐座次表、就餐餐馆介绍以及韩餐介绍材料，分组进行“协同安排用餐”拓展训练。

任务二

找一家旅游网站，选择一条港澳旅游线路，自行准备好就餐座次表、就餐餐馆介绍以及港餐介绍材料，分组进行“协同安排用餐”拓展训练。

训练时穿插一个突发情况。团内一名游客是一个人出来旅游的，吃饭时和三个三口之家拼成一桌，但菜一上桌他就傻了眼，那三大家子像约好了似地，舞动着筷子气势汹汹直奔桌上的“主题”。两分钟后，他们的饭碗堆成了小山，每个人的饭碗和盘子之间的桌布上都留了一片汤水滴过的狼藉，只留那单独的一人目瞪口呆地守着一碗白饭、一盘青菜。对此，出境旅游领队应如何处理？

任务三

找一家校企合作旅行社，选择一条澳新旅游线路，根据线路向合作企业索要就餐座次表、就餐餐馆介绍以及西餐介绍材料，分组进行“协同安排用餐”拓展训练。

就餐之前，穿插一个小插曲。旅游团在西餐厅就餐，团队里有几名游客是第一次吃西餐。他们正襟危坐地坐在餐桌前，感觉十分新鲜。当服务员为每一位游客倒酒时，一名游客把餐巾拿起来系在了脖子上，另一名中国游客便对他开起了玩笑：“别瞎整了，这哪里是吃西餐，整个一理发刮脸！”此言一出，餐桌边的游客全都笑了起来，有的一边笑，一边拍起了桌子。服务员以为自己做错了什么事，停止了斟酒，愣在一旁。听到这边大声哄笑，周围就餐的外国人也不知道这里发生了什么，纷纷投来惊异的目光。对此，出境旅游领队应如何处理？

任务四 指导完成购物

任务导入

（1）角色分配与编组：本任务有出境旅游领队、境外导游、商场服务人员以及游客等角色。建议4～5名学生为一组，每名学生轮流担任不同角色。

（2）每组在教师的指导或安排下进行“指导完成购物”的实训。

（3）出境旅游领队和境外导游解决游客在购物中的有关问题。

知识准备

一、基本概念

（一）旅游商品

旅游商品（tourism commodity）是指旅游地区和城市特有的具有当地特点和特色的商品。它与旅游者的吃、住、行、娱、购、游等要素有着紧密联系，是旅游业的重要组成部分。旅游商品与旅行社、交通、酒店被称为旅游业的四大支柱行业。

旅游商品行业的主要类别有：工艺美术品、文物及仿制品、风味土特产、旅游纪念品、旅游日用品、有地方特色的轻工业产品及其他商品。

旅游商品承载了满足旅游者购物需求和传播旅游地形象的双重价值。纪念性、艺术性、实用性、收藏性等是旅游商品应具备的基本特征。

（二）旅游购物

旅游购物（tourism shopping）有狭义和广义之分。狭义的旅游购物是旅游或旅游业的一个领域或要素，指以非营利为目的的游客离开常住地，为了满足其需要而购买、品尝，以及在购买过程中的观看、娱乐、欣赏等行为。

广义的旅游购物是指游客在旅游目的地或在旅游过程中购买商品的活动，以及在此过程中附带产生的参观、游览、品尝、餐饮等一切行为。旅游购物不是单纯的购买商品的行为，这与日常生活中的购物不同，其包括与旅游相关的休闲娱乐等活动，通常与特产店、景区、农家乐、酒店住宿组合在一起，增加了旅游购物的乐趣。旅游购物作为一种旅游行为，对当地的社会文化、经济、旅游政策以及其他领域都会产生影响。

二、指导完成购物的服务要求

出境旅游领队指导游客完成购物的服务包括：向游客介绍本地商品的特色；向游客讲清购物停留时间；向游客介绍购物的有关注意事项；随时向游客提供在购物过程中所需要的服务，如语言翻译、介绍托运手续等。

（一）告诉游客购物退税的规定

（1）出境旅游领队应当了解目的国（地区）的退税规定，提前向游客介绍。例如，欧洲退税的简单要求是：在有退税标志的商店购物要超过一定的限额，开具退税专用发票，并加盖海关印章。

（2）在游客购物过程中，提醒游客不要忘记索要发票。

（二）尽量使游客买到满意的商品

（1）尽可能地在购物时间上予以保证，并在游客挑选时提供帮助。

（2）对于抛售伪劣商品、不提供标准服务的商家，出境旅游领队应出面交涉，维护游客权益。

（3）若游客需要退换商品，出境旅游领队及境外导游应予以协助办理。

（4）若遇小贩强拉强卖商品，出境旅游领队有责任提醒游客谨防上当受骗。

（三）保持对购物安排的警惕

（1）出境旅游领队应监督境外导游将安排购物的次数限定在行程规定的范围之内，如果境外导游拟增加购物次数，需事先与出境旅游领队商议并征得游客同意。

（2）适当关注游客的购物过程，及时阻止不当行为。

（3）关注购物场所的环境安全问题。

案例

游客购物时私藏羊毛被

某旅游团到澳大利亚，游客要求导游带他们逛街，顺便买羊毛被。导游领着他们走街串巷，挑选比较，最后来到了一家华人开的杂货店。见到自己的同胞来买东西，这对华人老夫妻十分高兴，出售的商品打了很大的折扣，让这些游客十分开心。由于羊毛被柔软蓬松，体积很大，为了方便游客携带回国，这对老夫妻将游客买好的羊毛被装进真空袋，然后用真空泵抽气压缩，羊毛被最后变成了坐垫一般大小。

当得知游客住的酒店离此处较远，店老板便主动提出开车将游客和货物一起送回去。大部分游客买好后，高高兴兴地随着店老板走了。店里还剩下3位女游客，十分挑剔地翻看着要买的羊毛被。这时，商店里又来了其他的顾客，老板娘赶紧起身招呼客人，并对这3位同胞连声道歉，请她们挑好后，自己进行抽气包装。中方领队就坐在路边的树荫下等待。忽然，导游急匆匆走过来说："这几个人真是缺德！"

原来那3位女游客趁老板娘不备，把两条羊毛被装进了一个真空袋。她们这么做倒不是想替老板娘节省包装，而是想占便宜。因为老板娘是按照真空袋的个数计算羊毛被数量的。导游恰好发现了她们的举动，找出境旅游领队商量，听取出境旅游领队的意见。

出境旅游领队考虑了一下，假装什么事也没发生，不动声色地对着3位游客说："怎么样，还没买够？抓紧结账吧，好东西有的是，到别处还可以再看看！"这3位女游客见出境旅游领队过来，神色有些紧张，其中一个回答："快了，快了！"一会儿，她们抱着装好的羊毛被朝收款台走去。这时，出境旅游领队也跟了过去。老板娘刚要数真空袋，出境旅游领队和老板娘开起了玩笑："她们这几个人，心眼儿可太好啦！知道海外同胞做买卖不容易，特意替你们节省，一个真空袋里装了两条羊毛被。"听了领队的这番话，这3位女游客知道自己的事情败露了，于是不好意思地说："对，对！这两个真空袋多装了两条！"

老板娘不明其中缘故，还客气地表示："不必，不必！袋子仓库里还有，不够，我再拿去！"看见这3个人悻悻地交了货款，领队心中十分别扭。假如商店中安装了摄像头，或是羊毛被上装有防盗磁条，那将会是什么后果？

任务实施

1. 布置任务

出境旅游领队小张带领前往俄罗斯旅游的团队抵达莫斯科，按照旅游行程，他带领团队到古姆百货商场购物。

为了顺利完成实训任务，任课教师为每组学生准备了一份俄罗斯购物须知。

俄罗斯购物须知

俄罗斯的轻工业不太发达，俄罗斯市场销售的多为中国产商品，以下为购物须知：

(1) 衣服不要在俄罗斯买，基本上是中国产的；

(2) 俄罗斯人都是来中国买皮草，所以在俄罗斯买皮草同样不理智；

（3）俄罗斯香烟可以买回来带给朋友尝试；

（4）俄罗斯套娃是手工雕刻的，由于没有量产，价格非常高；

（5）咖啡、巧克力、奶粉、糖、奶酪、瓜子等强烈推荐，因为俄罗斯产食品品质较高；

（6）购买紫金时应谨慎，注意成色和亮度；

（7）建议在免税店购买酒，可向领队或者司机提出到俄罗斯免税店购物的要求；

（8）俄罗斯锡器工艺品制造历史悠久，锡富有光泽、无毒、不易氧化变色，推荐选购。

2. 执行任务

■ 实训条件

模拟实训室，装有旅行社管理实训平台，能上网，能发布和提交作业，能完成实训成果展示。如果暂时不具备以上条件，也可以在能上网的多媒体教室进行。

学生 3～4 人一组，分别担任出境旅游领队、商场服务人员以及游客。如果时间允许，每组成员可轮流扮演不同角色，重复实训内容，巩固实训效果。

■ 实训步骤

第一步，出境旅游领队向游客介绍俄罗斯购物注意事项；

第二步，游客与商场服务人员进行沟通交流；

第三步，出境旅游领队协助游客处理购物过程中产生的问题。

3. 成果展示

实训任务完成后，每个小组用 PPT 展示自己的购物实训安排以及本组的实训过程（可插入实训视频）。陈述时，小组中每位学生都要发言，发言主要阐述自己在实训中承担的角色以及完成的内容。每小组的展示及陈述，既要体现小组个人的作用，又要体现团体任务的完整性。

对本任务成果实行过程性评价，分小组自评、小组互评以及教师评价，分别占总成绩的 30％、30％、40％。

提升训练

有一位游客购买了口红，回到车上想试用，发现拿错了颜色，回到商店要求退换，但柜台认为责任不在自己，因此不给退换，出境旅游领队该怎么办？

任务拓展

为了达到举一反三、巩固提高的目的，配合以上实训任务，给出 3 个拓展任务，任选其中一个作为课后训练任务。完成并成功提交的作品将计入平时成绩。

任务一

在旅行社实训平台上找一条韩国游实训线路，根据准备好的韩国购物攻略等材料，分组进行“指导完成购物”拓展训练。

任务二

找一家旅游网站，选择一条港澳旅游线路，自行准备香港购物攻略等材料，分组进行“指导完成购物”拓展训练。

实训中插入一特殊情况：一名游客在购物店花费2万元购置了一个翡翠手镯，但很快又后悔要求退货。

任务三

找一家校企合作旅行社，选择一条澳新旅游线路，根据线路向合作企业索要新西兰购物攻略等材料，分组进行“指导完成购物”拓展训练。

实训中插入一特殊情况：境外导游带领游客刚进购物店，购物店人员就反锁大门，这时，出境旅游领队该做出怎样的反应以保证游客的购物安全？

任务五 带领团队观看演出

任务导入

（1）角色分配与编组：本任务有出境旅游领队、境外导游、剧场工作人员以及游客等角色。建议4～5名学生为一组，每名学生轮流担任不同角色。

（2）每组在教师的指导或安排下开展“带领团队观看演出”的实训。

（3）出境旅游领队协助解决游客观看演出过程中产生的有关问题。

知识准备

一、基本概念

（一）旅游演艺的含义

旅游演艺（tourism performance），又叫旅游演出，迄今为止学术界对于这一概念并无定论。根据朱立新的研究，我们将其定义为“以异地观众为主要观赏对象的演艺活动”。但是，在此基础上，有几个要点需要补充：首先，旅游演艺的活动范围主要在旅游景区内，但不局限于此，旅游地主要针对游客的演出都可称作旅游演艺。其次，旅游演艺有专门的演出人员以及特定的演出场所（含剧院、酒店、大型广场等）。再次，旅游演艺的演出内容主要是表现该地区历史文化或民俗风情。在不同的发展阶段，旅游演艺的实现条件会有所改变，如现阶段主流旅游演艺大范围地引入现代化的声光电技术，满足游客对规模型阵容的视觉要求。

（二）旅游演艺的类别

1. 按照地域概况分

旅游地域类型是在旅游资源空间组合上的反映，是在一定的自然、历史文化条件下形成的地域形态。同一地域类型通常具有相似的资源组合特征，旅游功能与开发建设也具有相同的联系。

（1）山水地貌旅游演艺。依托某一自然旅游资源而设计的演出项目，如海滩、湖泊、山地、草原等。

（2）城市旅游演艺。以城市风貌、文物古迹、历史文化为主要内容，展现某一城市独特的旅游价值而设计的演出项目，一定程度上作为城市名片而被人熟知。

（3）宗教旅游演艺。以宗教传袭过程中留下的有形或无形的文化遗产为内容的演艺。

2. 按照景区类别分

（1）自然景观旅游演艺。这是指以自然的山水景观、以美丽的大自然为背景，并根据其特色做出相应的调整，色彩与光影的配合运用得恰到好处，可以带给每一位欣赏者更加真实的美感与享受的演艺。

（2）文化遗址旅游演艺。以历史人文环境为背景，往往在固定的地点表演从而构成特殊的文化景观。

（3）园区场馆旅游演艺。主题公园、游乐园、海洋馆等目前也是备受游客青睐的地方，在此安排演艺是为了吸引更多的游客，从而产生更大的经济和传播效益。

（4）节庆活动旅游演艺。是指伴随博览会、狂欢节和艺术节等活动的演艺。

3. 按照旅游项目品类分

（1）民俗歌舞表演。旅游中极为重要的一个目的就是感受风土人情与民俗情怀，因此展现民俗的歌舞表演成为旅游中一种重要的演出样式。以歌舞形式表现民俗文化，无疑是最具吸引力的旅游节目。表现的内容可以是民俗的各个方面，如饮食、婚丧、服饰。对于民俗文化的演绎、阐释，可以让旅游者真切地感受到文化的空间差异与时代差异。

（2）曲艺杂技表演。传统戏曲往往因为唱腔、唱词的审美与快节奏的现代社会现状不相融合而影响其自身受众的广度，融入戏曲文艺表演的旅游项目却在一定程度上弥补了这一缺陷。

（3）话剧卡通表演。主要是指大型主题公园内，在每日固定时段出现的卡通人物游行以及娱乐小品表演。

二、带领团队观看演出的服务要求

在旅游团观看演出时，对出境旅游领队及境外导游的服务要求主要有三点：提前告知注意事项、简单介绍节目内容及其特点、引导游客入座。

出境旅游领队和境外导游要预先了解并告知游客观看演出时是否允许拍照、摄像；一些正规的芭蕾舞、歌剧等演出对观众的着装会有一定要求，需提前告知；国外剧场通常不允许在观看演出时吃零食、喝饮料，对此要特别提醒，以免因此而受罚。境外的演出项目一般都是外语字幕或使用外语进行表演、解说，出境旅游领队和境外导游要预先了解节目的内容及其特点，在赴演出现场的途中或入场前，向游客做简要介绍。

进入演出场所时，出境旅游领队要与境外导游一起引导游客对号入座，重申注意事项，保持现场安静。演出开始后，出境旅游领队要注意周边环境和游客动向。在旅游团观看节目过程中，出境旅游领队及境外导游应自始至终坚守岗位。也就是说，出境旅游领队不能以曾多次观看演出为借口，擅自离开岗位。

知识链接

怎样欣赏歌剧

歌剧起源于意大利的佛罗伦萨。歌剧中包含的不同元素如独唱、大合唱、重唱、灯光、美术设计、管弦乐、走步以及舞蹈等互相结合，使它成为最受欢迎而又让人神魂颠倒的表演艺术。然而对于很少接触西方歌剧艺术的中国观众来说，在不理解任何剧情的基础上听一个晚上的歌剧，就像请一个从来没接触过中国戏曲的外国人去剧院听一晚上戏曲而又不做任何讲解一样，会令人大感困惑。对这种十分渴望能听懂歌剧并领略其中奥妙的人们，专家支着：多听，了解歌剧的故事。没有文学剧本这个基础，就无从产生歌剧的音乐；没有戏剧表演（演员的动作、方位的调度或者舞蹈场面等），就不可能生动而明确地体现出情节和人物的关系；没有美术（包括舞台设计、服装、道具、灯光），也不可能完整地表现出歌剧剧情所发生的环境。所以，在渴望进入歌剧世界之前，要先了解所要欣赏的歌剧的故事。

除了了解剧情这个重要的方法以外，还应该在欣赏中注意歌剧艺术所特有的表现手段，如高超歌唱技巧的展示、咏叹调的戏剧性和抒情性、重唱的立体感、乐队伴奏的情感渲染及气氛烘托等。如果听得多了，就会对不同作曲家的歌剧写作风格、对同一个作曲家不同作品的特色、不同流派的创作观以及不同歌唱家和指挥家对作品的处理方式有所领会，在比较之中，观众对歌剧这门艺术的魅力便会有更深的感受了。

最后要提到的一点是，听歌剧需要一种感觉，也可以说是需要一种文化。那是对人生意义的领悟以及对整个社会的理解。在不同人的眼里，人生的意义是不同的，对生活认识的程度也是不同的，所以，对一部歌剧的理解也各不相同。作为观众，应提升相关素养，以感受作曲家在歌剧这门艺术中所要呈现的一切，接受音乐中的真善美。歌剧是从听觉和视觉上欣赏的艺术。在听到美妙音乐的同时，欣赏演员的形体表演，舞台的讲究设计，不同时代、不同风格的服装，甚至是剧场里的气氛，关注这些对于观众理解歌剧内容都是有极大帮助的。

任务实施

1. 布置任务

出境领队小张带领 16 人的旅游团队抵达美国纽约，按照行程安排，他们将到百老汇观看歌剧《灰姑娘》。该歌剧由歌剧大师罗西尼根据童话故事《灰姑娘》改编而成，故事情节变为一部不时让人莞尔一笑、夹杂对人性拜金讽刺的喜歌剧。剧中最重要的人物是贯穿全场的哲学家阿里多洛，以麦尼费肯和两姐妹柯琳娜与泰咪作反面教材，来衬托灰姑娘心中无私的美德和纯洁的心灵。罗西尼巧妙地使用歌剧特有的演绎手法，把人物内敛或浮夸的个性表现得活灵活现。

观看歌剧须知

（1）衣着干净整洁，着正式服装。不能穿短裤、拖鞋、无领子的上衣。天冷时可以穿羽绒服或大衣，到达剧场后脱下来存入柜中。

（2）切忌迟到。序曲响后迟到者只能在外面等到幕间休息或者换场的时候进场，进场后还要跟座位旁边的人致歉。

（3）向工作人员要场刊，提前了解剧情。

（4）座位前面的小屏幕可以自选字幕语言。陌生的剧目应先看剧情和唱词。可事先在网上找完整的唱词和翻译。

（5）跟着其他观众来鼓掌。一般而言，歌剧开场，指挥进场后全场会鼓掌。

（6）可以在指挥上场之前或者幕间和谢幕时拍照。国外的知识产权意识比较强，应避免在观看途中拍照。

2. 执行任务

■ 实训条件

在多媒体教室，学生 4～5 人一组，分别担任出境旅游领队、境外导游、剧场工作人员以及游客。如果时间允许，每组成员可轮流扮演不同角色，重复实训内容，巩固实训效果。

■ 实训步骤

第一步，出境旅游领队或境外导游简单介绍歌剧《灰姑娘》；

第二步，出境旅游领队或境外导游通过互动的方式与游客说明观看歌剧的注意事项；

第三步，在剧场工作人员的协助下，出境旅游领队和境外导游引导游客入座。

3. 成果展示

实训任务完成后，每个小组用 PPT 展示“带领团队观看演出”的流程以及本组“观看歌剧《灰姑娘》”实训过程（可插入实训视频）。陈述时，小组中每位学生都要发言，发言主要阐述自己在实训中承担的角色以及完成的内容。每小组的展示及陈述，既要体现小组个人的作用，又要体现团体任务的完整性。

对本任务成果实行过程性评价，分小组自评、小组互评以及教师评价，分别占总成绩的 30%、30%、40%。

提升训练

一游客在观看歌剧《灰姑娘》的过程中，向出境旅游领队提出要上厕所，但是半小时过去了，游客还没有回来。眼看歌剧就要结束了，出境旅游领队和境外导游应怎么处理这一问题？

任务拓展

为了达到举一反三、巩固提高的目的，配合以上实训任务，给出 3 个拓展任务，任选其中一个作为课后训练任务。完成并成功提交的作品将计入平时成绩。

任务一

在模拟实训室放映一部国外大片，全班学生按要求分成 4～5 人的体验小组，分别担任出境旅游领队、境外导游、电影院工作人员、观影游客等，对“带领团队观看演出”任务进行拓展训练。

任务二

在学校大礼堂，全班学生自行准备一场与旅游相关的 1 小时左右的综合娱乐节目。学生按要求分成 4～5 人的体验小组，分别担任出境旅游领队、境外导游、演出场所工作人员、游客等，对“带领团队观看演出”任务进行拓展训练。

任务三

有条件的学校，可以安排学生参加一次国外友好城市演出团体赴本市的交流演出，全班学生以“旅游团”的形式组团体验。学生按实训要求分成 4～5 人一组，分别担任出境旅游领队、境外导游、场所工作人员以及游客等不同角色，对“带领团队观看演出”任务进行拓展训练。

任务六 境外游览中问题的处理

任务导入

(1) 角色分配与编组：本任务有出境旅游领队、境外导游、游客、其他工作人员等角色。建议4～5名学生为一组完成"境外游览中问题的处理"的学习，每名学生轮流担任不同角色。

(2) 在教师的指导或安排下每组选择具有代表性的问题进行实训。

(3) 出境旅游领队和游客共同解决在境外游览中出现的问题。

知识准备

一、基本概念

(一) 不可抗力

不可抗力（force majeure）是指合同订立时不能预见、不能避免并不能克服的客观情况，包括：自然灾害，如台风、地震、洪水、冰雹；政府行为，如征收、征用；社会异常事件，如罢工、骚乱等。

不可预见性是指合同当事人对于不可抗力事件的发生必须根本无法预见。如果能预见，或应该能够预见，则不构成不可抗力。例如：某船运送客人从一海港到另一海港，船长出海前未听广播天气预报即开船，结果遇上风暴使乘客权益受损。该风暴对于船长来说就不是不可抗力，因为作为船长出海前应了解当天的天气预报，而天气预报已对该风暴作了预告，船长能够预见，却由于疏忽未注意，船长应当承担责任。

不可避免性是指灾害发生时，采取任何措施都无法规避、免除被损害的结果。也就是说，即使出现了不可预见的灾害，如果造成的后果是可以避免的，那么也不构成不可抗力。例如：船在海上遇到风暴，附近就有避风港但不进去致使乘客权益受损，也需承担责任。

所谓不可克服性，是指当事人对该事件的后果无法加以克服，即毫无办法加以阻止，如政策的变化、国家出现政权的交替等。

（二）第三方侵权

第三方侵权，即间接侵权，是指除双方当事人之外的在法律关系或法律诉讼关系中与标的或法律诉讼有关的第三人侵犯当事人权利的行为。例如：游客在国外跟团旅游过程中，被小偷盗窃了钱物。

二、境外游览中问题的处理要求

（一）路线或日程变更

1. 游客要求变更计划行程

若遇到这种情况，出境旅游领队原则上不能同意。因为出境旅游领队的任务就是要按照合同执行。特殊情况报组团社，由组团社来决定日程的改变。

2. 客观原因需要变更计划行程

旅游过程中，如因客观原因需要变更路线或日程时，出境旅游领队应向旅游团（者）做好解释工作，并及时将游客的意见反馈给组团社或接待社，并根据组团社或接待社的安排做好工作。

一般而言，出境旅游合同中会有如下规定：行程中因不可抗力或不可归责于出境游组团社的原因，导致无法按照约定线路、交通、食宿等标准，继续履行合同的，组团社可在征得团队内 2/3 以上成员同意后，对相应内容予以变更。因变更而超出的费用，由游客承担，节省的费用应当返还给游客。对由于航班延误或取消、第三方侵权等不可归责于组团社的原因，导致游客人身、财产受到损害的，组团社不承担责任，但应当积极协助解决游客与责任方之间的问题。

（二）物件丢失或损坏

1. 丢失证件或物品

当游客丢失证件或物品时，出境旅游领队和境外导游人员应详细了解丢失情况，尽力协助寻找，同时报告组团社或接待社，根据组团社或接待社的安排协助游客向有关部门报案，补办必要的手续。

游客如将客票遗失，出境旅游领队需要立即陪同游客报案，取得遗失证明。然后到航空公司办理挂失手续，根据航空公司的有关规定处理客票事宜。

2. 丢失或损坏行李

当游客的行李丢失或损坏时，出境旅游领队应详细了解丢失或损坏情况，积极协助查找责任者。如果难以找出责任者，出境旅游领队应尽量协助当事人开具有关证明，以便向投保公司索赔，并视情况向相关部门报告。

知识链接

出境游防盗心得

(1) 不要拿着一叠大额钞票付款，否则极易被坏人盯上、被尾随、被偷财物。境外购物时刷卡都很方便，可携带小额钞票。

(2) 买完奢侈品后，小件可放入包中，大件装入商场购物袋，奢侈品装入普通购物袋，可避免给小偷可乘之机。

(3) 收起同情心。若有路人请你帮忙填问卷，请不要理他，他们会用问卷挡住你的视线、割破你的包。路上有人吵架哭闹时，也不要去凑热闹，人潮拥挤时背后会有手来偷你的包。有小孩跌跌撞撞摔倒在你身上时应高度警惕，他很可能顺手会拿走你的手机。

(4) 地铁里面少玩手机。尤其是坐在门口座位时要特别小心随身物品，一些人会在关门的一刹那，直接抢走你的手机。

(5) 买完贵重物品后最好放回酒店，近来持枪袭击旅行团的事件发生了多起，旅游者应提高警惕。

(6) 最后一天回机场，尽量不要私自选择公共交通工具，每位旅游者回国都是满满几箱的战利品，所以机场专线中小偷甚多，他们会想办法偷行李。

(三) 游客伤病或死亡

1. 游客生病

游客意外受伤或患病时，出境旅游领队应及时探视。如有需要，出境旅游领队应陪同患者前往医院就诊。病情不明的情况下，应严禁领队擅自给患者用药。

2. 游客病危

出境旅游领队应立即协同境外导游或亲友送病人去急救中心或医院抢救，或请医生前来抢救。患者如系某国际救援组织的投保者，出境旅游领队还应及时与该组织的代理机构联系。在抢救的过程中，出境旅游领队应要求患者亲友在场，并详细地记录患者患病前后的症状及治疗情况。同时，出境旅游领队应随时向当地接待社及国内组团社反映情况，应通过组团社及时通知患者亲属，同时妥善安排好旅游团其他游客的活动。

3. 游客死亡

导致游客死亡的原因会有多种，伤病、交通意外、自然天灾等，不管何种原因，凡出现游客死亡的事件，出境旅游领队都应该作为重中之重的大事对待，尽全力处理。按照旅行社每组织 5 万名游客就可能会出现 1 例死亡的统计概率，同时参照实际情况，旅游团中出现游客死亡，应该在预想之内，并有相应的处理预案。

若出现游客死亡的情况，出境旅游领队应立即向组团社汇报，并通过境外导游立即向当地接待社报告，由当地接待社按照有关规定做好善后工作。同时，出境旅游领队应稳定其他游客的情绪，并继续做好旅游团的带团工作。如果游客系非正常死亡，出境旅游领队应与境外导游一起商量，注意保护现场，及时报告当地有关部门。

案例

一场台风致韩国游成“闹心事”

2014年6月，西安市民赵女士与11名同事通过××公司报团参加“韩国全景六日游”，行程中要去济州岛、首尔和釜山三地。6月3日，他们到达韩国仁川机场后，却被出境旅游领队告知“济州岛刮台风，航班取消，要等到天气稳定后再看是否能登岛”，然后被临时安排到仁川机场附近的酒店入住。

6月4日一早，出境旅游领队提出行程需要更改，先去首尔观光，济州岛要看天气情况才可以确定能否去。对于突然更改行程，尽管有部分游客有意见，但是大家也同意先去首尔。

“但是在首尔游玩时，随着时间的流逝，我们觉得去济州岛已经没有希望了。可出境旅游领队一直没明确说不能去了。这时候我们就认为出境旅游领队在欺骗大家。”赵女士和她的同事告诉记者。部分游客甚至得出了“是旅行社没有预订上从仁川到济州岛的机票，所以才耽误了去济州岛的行程”的定论。这导致在4日下午，一部分游客们坐在大巴车上“抗议”，要求恢复济州岛行程，并且拒绝继续参观其他景点。

直到4日晚，出境旅游领队最终通知游客，由于天气和航班原因，取消济州岛行程。此时20名游客中，有2名游客因为不能去济州岛，选择了放弃行程，返回西安；有6名游客愿意跟着旅行社的安排，继续旅程；而赵女士等12名游客，尽管愿意继续旅游，但此时对出境旅游领队已失去信任，不相信他说的话了。

旅行社称天气因素为不可抗力

对于此事，记者采访了××公司韩国部经理，她表示：“因为不可抗力因素，仁川到济州岛的航班取消，旅行社的损失也非常大。因为我们早就提前在济州岛为游客预订好了酒店，航班取消了，酒店是不可能给我们退费的。后来我们还需要在仁川为游客重新安排酒店，这部分损失都是旅行社自行承担的。”

对于游客提出，出境旅游领队迟迟没有明确是否取消济州岛行程，该经理解释：“由于天气的不稳定性，因此出境旅游领队没有办法直接跟大家说完全不能去济州岛了，只是希望第二天航班恢复了，还能去济州岛，也是希望给大家一个完整的旅程。直到最终确认取消济州岛行程时，也给游客们承诺退还仁川到济州岛的单程机票约300元。”

经理说，“游客由于一直纠结于取消济州岛行程一事，对于出境旅游领队之后的安排置之不理，还错过了一班首尔到釜山的航班。对此，旅行社只好重新预订了新的机票，这也给旅行社造成了很大的损失。”

律师建议：理性消费，及时沟通，避免不必要的损失

根据《中华人民共和国旅游法》第六十七条规定：因不可抗力或者旅行社、履行辅助人已尽合理注意义务仍不能避免的事件，影响旅游行程的，按照下列情形处理：

(1) 合同不能继续履行的，旅行社和旅游者均可以解除合同。合同不能完全履行的，旅行社经向旅游者作出说明，可以在合理范围内变更合同；旅游者不同意变更的，可以解除合同。

(2) 合同解除的，组团社应当在扣除已向地接社或者履行辅助人支付且不可退还的费用后，将余款退还旅游者；合同变更的，因此增加的费用由旅游者承担，减少的费用退还旅游者。

记者采访了蒋律师，她认为因为不可抗力等人为不可控因素，导致旅游行程更改，旅行社的做法是合法的。天气的变化和航班的延误不属于旅行社责任。

但是蒋律师同时认为，在情理上，出境旅游领队和游客都有欠妥的地方。首先，在得知航班取消后，出境旅游领队应该更加变通和灵活地处理此事。以安抚游客为主，可以适当增加一些旅游项目，让游客可以玩得尽兴，如果一味地采用拖延政策，会让游客对出境旅游领队，乃至整个旅行社失去信心，这会使一件简单的事情变得复杂。而对于游客来说，出门在外，大家以游玩为主。尽管不能去济州岛非常遗憾，但如果旅行社已拿出解决方案，大家可以商量着解决，按照方案出游，避免不必要的损失。

任务实施

1. 布置任务

出境旅游领队小张带领 27 人的“欧洲七国游”团队，在早晨 8 点左右抵达法国巴黎戴高乐机场附近的康铂酒店。当团队正在从旅游大巴上取行李时，遭遇 5 到 10 人犯罪团伙集体抢劫。数件行李及部分游客的护照被抢走，两名游客和境外导游受轻伤。

为了顺利完成实训任务，任课教师为每组学生准备欧洲七国旅游行程及相关材料。

欧洲七国旅游行程

第一天：北京，晚上 22:00 首都机场集合，集体办理登机手续。

第二天：北京—布鲁塞尔—巴黎（HU491）。清晨抵达比利时首都布鲁塞尔，抵达后市区观光（共 1 小时），随后驱车前往巴黎，入住康铂酒店。

第三天：早餐后巴黎市区观光（共 3 小时），埃菲尔铁塔、凯旋门、香榭丽舍大道、协和广场。随后安排歌剧院自由活动时间约 4 小时。

第四天：巴黎—卢森堡。酒店早餐后参观法国国家艺术宝库——卢浮宫（90 分钟入内参观），随后安排奥斯曼大道自由活动约 2 小时，充分享受花都的浪漫情怀。随后驱车前往卢森堡。

第五天：卢森堡—因特拉肯。早餐后展开市区观光（共 1 小时）；游览大公馆（外观）、风景优美的大峡谷，随后前往美丽的瑞士小镇因特拉肯。

第六天：因特拉肯—意大利小镇。酒店早餐后，因特拉肯自由漫步约 2 小时，随后前往佛罗伦萨，途经风景如画的图恩湖。

第七天：意大利小镇—佛罗伦萨—罗马。酒店早餐后，前往佛罗伦萨市区观光。

第八天：罗马—博洛尼亚。酒店早餐后前往罗马市区观光（共 2 小时）：参观纪念意大利独立阵亡将士纪念堂（车览）、斗兽场（外景）、古罗马市集废墟、君士坦丁凯旋门，许愿池前自由拍照，游览梵蒂冈（入内参观 1 小时）。

第九天：博洛尼亚—威尼斯—奥地利小镇。酒店早餐后，乘船到威尼斯本岛，抵达后参观以拜占庭、哥德、东方风格为设计主调的圣马可教堂以及道奇宫（外观）、叹息桥的历史陈迹。随后在有“欧洲会客厅”之称的圣马可广场自由活动约 2 小时。

第十天：奥地利小镇—维也纳。酒店早餐后前往维也纳观光。参观贝多芬广场，举世闻名的文艺复兴式建筑——欧洲三大歌剧院之一的维也纳国家歌剧院（外观）、莫扎特雕像、英雄广场，造访美轮美奂的美泉宫（外观）。

第十一天：维也纳—布拉格。酒店早餐后，造访多姿多彩的布拉格。拜访老城广场，沿着查理街走向查理士桥，参观建造于 9 世纪的布拉格古城堡，亦是现今捷克总统府与国家机关所在地。在瓦茨拉夫广场自由漫步。

第十二天：布拉格—柏林—北京（HU490）。早餐后前往德国首都柏林，抵达后展开市区观光，长达 1.6 千米的菩提树大街是欧洲著名的林荫大道。大街西端是按照雅典卫城城门式样建造的勃兰登堡门。参观柏林的国会大厦（外观），它是联邦议会所在地。参观旺多姆圆柱、柏林墙、威廉皇帝纪念教堂。

之后前往机场准备搭乘国际航班返回北京。

2. 执行任务

■ 实训条件

模拟实训室，装有旅行社管理实训平台，能上网，能发布和提交作业，能完成实训成果展示。如果暂时不具备以上条件，也可以在能上网的多媒体教室进行。

学生 4～5 人一组，分别担任出境旅游领队、境外导游、游客以及相关工作人员。如果时间允许，每组成员可轮流扮演不同角色，重复实训内容，巩固实训效果。

■ 实训步骤

第一步，出境旅游领队境外导游及时报警，并安排伤者送医；

第二步，出境旅游领队境外导游统计受损情况，分别报告组团社和接待社；

第三步，出境旅游领队联系使馆，补办被抢证件；

第四步，处理后续问题，安抚游客情绪。

3. 成果展示

实训任务完成后，每个小组用 PPT 展示境外游览中出现的问题的处理要求以及实训过程（可插入实训视频）。陈述时，小组中每位学生都要发言，发言主要阐述自己在实训中承担的角色以及完成的内容。每小组的展示及陈述，既要体现小组个人的作用，又要体现团体任务的完整性。

对本任务成果实行过程性评价，分小组自评、小组互评以及教师评价，分别占总成绩的 30%、30%、40%。

提升训练

出现被抢、受伤事故后，正常的行程肯定要受到一定的影响。出境旅游领队如何根据这一情况灵活调整行程安排，尽量在有限的时间内，使行程内的精华景点都能参观到？

任务拓展

为了达到举一反三、巩固提高的目的，配合以上实训任务，给出 3 个拓展任务，任选其中一个作为课后训练任务。完成并成功提交的作品将计入平时成绩。

任务一

在旅行社实训平台上，选择一个境外游览中可能出现的问题，如住店时出现火情、自由活动时游客走丢等，根据实训室准备的资料分组进行拓展训练，妥善处理这一问题。

任务二

在旅游网站上找一个游客在游览中存在不文明行为且比较恶劣的案例，如在千年文物上刻字、破坏生态等，自行准备材料分组进行拓展训练，妥善处理这一问题。

任务三

到合作的旅行社寻找一个有代表性的案例，如航班因天气原因不能正常飞往目的地或不能按时回国，导致行程计划延长或缩短，进而导致游客情绪不稳定，出现了打砸机场的行为。请在旅行社导领部经理或领队的指导下，分组进行拓展训练，妥善解决这一问题。

项目四

做好返程服务

- 任务一　带团离他国（地区）境
- 任务二　带团入中国大陆境
- 任务三　做好归国后的工作

项目概述

在完成了旅游行程表所列的全部旅行活动之后，旅游团的活动就从旅游的中期转到了后期。出境旅游领队的带团工作，也应从安排组织团队在境外期间的活动转向组织旅游团返程回国的活动中，以保证出境旅游的带团活动圆满结束。本项目的主要内容包括做好离境前的准备；带团离他国（地区）境；带团入中国大陆境；做好归国后的工作。

学习目标

1. 知识目标

（1）熟悉所有离境所需文件；

（2）掌握入境服务的程序；

（3）了解境内外海关关于携带物品的规定；

（4）熟悉返程途中意外事件的处理方法。

2. 技能目标

（1）能够做好所有离境准备（证件、票据、行李、结账等）；

（2）能够办理离他国（地区）境手续（乘机手续、机场税、边防检查、海关检查、购物退税、登机）；

（3）能够办理入中国大陆境手续（卫生检疫、边防检查、过海关、告别）；

（4）能够做好归国后的交接工作（与计调做交接、报账、保持与游客的联系、处理遗留问题）。

3. 素质目标

（1）课堂教学中，渗透《中国公民出境旅游文明行为指南》以及《导游领队引导文明旅游规范》的内容，指导学生做文明出境领队，并能引导、教育游客文明出行；

（2）实践教学中，重视职业素质的培养，要求学生按照《旅行社出境旅游服务规范》，为游客提供标准化服务和个性化服务；

（3）教育学生养成遵纪守法的习惯，提醒游客守法守纪。

任务一　带团离他国（地区）境

任务导入

（1）角色分配与编组：本任务有出境旅游领队和境外导游、海关、移民以及机场的工作人员、游客等角色。建议 5～6 名学生为一组，学生可轮流担任不同角色。

（2）在教师的指导或安排下进行“带团离他国（地区）境”的实训。

（3）填写出境卡，写出详尽的购物退税流程。

知识准备

一、基本知识

（一）出境购物退税

出境购物退税是指非本国居民在退税定点商店购买的随身携带出境的物品，按规定退增值税和消费税的政策。通俗来说，就是返还外国游客一小部分税金，以鼓励其多消费。

并不是所有的商品都可以退税。一般而言，在有“Tax Free”“Tax Refund”“VAT Refund”这样标识的商场或店铺，购买的常规商品如服装、化妆品、电子产品、工艺品等能够携带出境的物品，能够退税。

退税退的是增值税和消费税，仅仅适用于非本国居民（就是外国游客），而免税免的是进口关税，只要是出境的人不分国籍都可以享受这项福利。

（二）退税店

在可以退税的国家（地区），大部分市中心的百货商店、购物中心、品牌店、购物村、工厂店等，甚至一些特色小店都可以退税，只需认准“Tax Free”或“VAT Refund”标识。

（三）免税店

一般而言，过安检之后的商店才是免税店，请认准“Duty Free”标识。需要注意的是，购买的免税品都会用透明且可盖章的密封塑料袋包装，注意别在到达目的地之前开封。

二、出境旅游领队带团离他国（地区）境流程

目的地国家（地区）离境及中国入境的程序，与中国出境、目的地国家（地区）入境的程序有相似之处，但也不完全相同。

在旅游目的地游览结束后，团队搭乘离境飞机前，出境旅游领队要带领协助游客办理各种离境手续，流程大致见图 4－1：

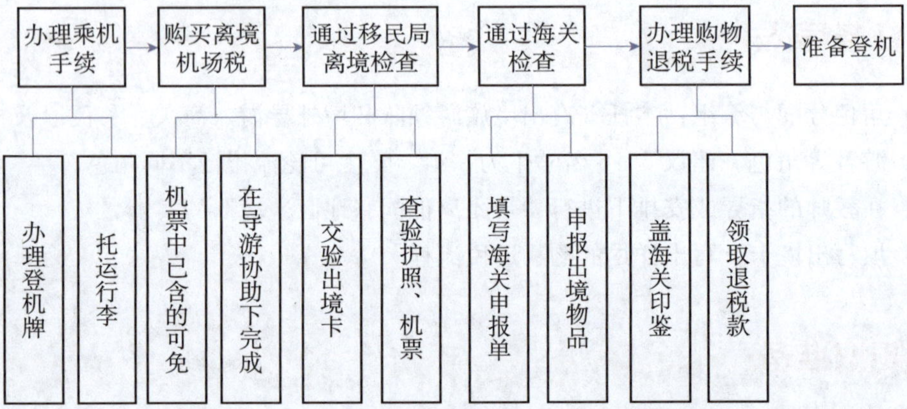

图 4－1　出境旅游领队带团离他国（地区）境流程图

（一）办理乘机手续

旅游团境外结束整个旅游行程后，需要搭乘飞机（或其他交通工具）返回中国，出境旅游领队和境外导游应充分估算从城区到机场的时间。按照大多数国家（地区）国际机场的要求，离境游客通常需要提前 2 小时抵达机场。但鉴于需要在机场办理退税手续、有时会遇到安检等候时间长等原因，出境旅游领队和境外导游应充分考虑提前到机场的预留时间。

在境外各国（地区）机场的航空公司办理乘机手续，程序与出境时在国内的航空公司柜台办理手续基本一致，境外接待社的导游负责协助旅游团办理乘机手续，并将团队送至离境入口处。

1. 办理登机牌及托运行李

通常情况下，由境外导游先去办理团体换票手续，然后将护照（通行证）、登机牌交还游客。目前有些国家（地区）航空公司可自助打印登机牌，出境旅游领队也要了解和掌握自助打票的操作方法，以便帮助游客打印登机牌。

出境旅游领队协助游客将行李放在传送带上，逐一托运，提醒游客托运完成后拿好证件、机票和行李托运票。出境旅游领队要注意提前提醒游客，行李不可超重，超重行李须另外付行李超重费。

2. 告知游客离境注意事项

在游客办理好退税和行李托运后，出境旅游领队应召集游客告知离境时的注意事项：

（1）向游客介绍要办理的离境手续流程。

（2）告知登机牌上的信息，如航班号、登机闸口、登机时间等，要求游客在机场出境手续办完后的自由活动里，控制好时间以免误机。

（3）做其他重要的提醒，如不要给其他不认识的游客携带任何物品过境等。

（二）购买离境机场税

通常境外机场收取的机场税，游客在购买机票时已经支付。但也有一些国家（地区）的国际机场，其机场税是不包含在机票里的，需要游客在乘机之前购买。

1. 购买机场税的凭证需妥善保管

按照中国国内组团旅行社与出境旅游游客签署的出境旅游合同的规定，境外机场税一般包含在正常的旅游收费中，应由旅行社支付。出境旅游领队出团前应当对此项费用如何支付了解清楚，如需要出境旅游领队支付，领队就要在购买后将机场税凭据发给游客，以便应对机场检查。机场税如需交付旅行社报销，出境旅游领队就应等游客完成检查后，及时收回并妥善保管。

2. 通常机场税应由境外接待社代付

境外接待社对国内组团社的包价旅游报价中通常包含游客的出境机场税。因而，一般而言，机场税是由境外接待社的导游代为支付。

（三）通过移民局离境检查

1. 填写出境登记卡

一些国家（地区）的出境登记卡与入境登记卡是分开的两张表格，但也有许多国家（地区）的出境登记卡与入境登记卡印制在一张纸上，游客在入境时就已经填写完成。入境时，移民官会将入境卡部分撕下留存，然后把出境登记卡部分订在或夹在护照里还给游客。因而游客出境时，无须重新填写出境登记卡。但如果游客不慎丢失夹在护照中的出境登记卡，就需要补填一张。

并非所有国家的出境都需要填写出境登记卡，如瑞士、芬兰、挪威等国的入出境就不需要填写入出境登记卡。另外，持另纸团体签证的旅游团，在目的地国家（地区）离境时也不需要填写出境登记卡。

2. 通过移民局检查

（1）在进入离境边检区域前，出境旅游领队需带领全体游客与境外导游道别，以示礼貌与感谢。

（2）依次办理离境手续。向移民官递交护照、出境机票、登机牌后，站立等待查验。如查验无误，护照将被盖离境印章，或将签证盖上“已使用”（“USED”）的章，然后移民局官员将所有证件和资料交还游客，离境手续即告完成。移民局官员检查游客的护照及签证的时候，通常会按照游客签证的有效期及准许停留天数推算，如超出停留期，游客可能会受到惩罚。

从整体上看，各个国家（地区）的出境边检手续的办理通常会比入境边检手续要快。

（四）通过海关检查

出境旅游领队带团到不同国家（地区），对各国（地区）的海关规定的出入境禁止携带的违禁物品，必须要事先了解和掌握，并把目的地国家（地区）的海关违禁物品和应注意的事项，事先告知游客，这是出境旅游领队的责任和义务。

他国（地区）海关对离境携带物品的限制，主要分以下几种情况：

（1）游客入境时申报过的物品必须携带离境；

（2）他国（地区）的海关对携带现金离境有限额；

（3）对动物、植物实体及骨骼的离境有限制；

（4）其他类型的各种限制。

另外，在考虑其他国家（地区）离境的海关限制携带物品的时候，一定不能忘记中国海关入境物品限制。各个国家（地区）与中国的海关边检在限制入境的物品上有许多不一致的地方。

境外多数国家的机场海关检查是以抽查的方式进行的。通常无申报物品的游客无须填写海关申报单，径直走过海关柜台即可。如果携带了限制出境的物品而没有申报，则会受到惩罚。因而，如果游客携带了限制出境物品，应主动向海关申报限制携带出境的物品。出境旅游领队应帮助游客填写海关申报单，并协助游客与海关人员进行交涉。

（五）办理购物退税手续

在各个国家（地区）的机场办理退税的规定和操作方式不一。通常当地导游都会在离境之前向游客告知和说明如何办理退税。出境旅游领队也应了解和掌握相关国家（地区）退税规定和操作流程，以便为游客提供帮助。

在境外办理退税，会有语言交流方面的问题，而且在短暂的时间里不能在当地完成退款，故出境旅游领队可以建议游客回到国内办理退税手续。目前，在北京、上海、广州等大城市都设立了退税点。但办理退税，必须持经当地海关查验完毕后加盖印章的退税单，方可办理退款。

另外，在不同国家（地区）的机场究竟是先办理乘机手续还是先办理海关退税，规定不尽相同，出境旅游领队应在出团之前了解清楚。

知识链接

欧洲退税的相关知识

在欧洲旅行购物可以享受购物退税的政策，游客在欧洲购物时所付的购物款中已经包含增值税（VAT）。如果游客每次购物达到一定的金额，而且所购物品不是在欧洲使用而是带回本国，那么可以享受退还 VAT 的政策。这是欧洲国家吸引外来游客购物消费的鼓励性政策。欧洲国家的主要零售商均提供此项服务，中国游客有购物退税的权利，也就是说在欧洲能以相对优惠的价格购买到世界名牌产品。

1. 哪些商品可以购物退税

游客应注意商店里是否有蓝、白、灰三色的退税购物（“Tax Free Shopping”）专用标识。在欧洲共有 22.5 多万家退税商店遍布机场和市内，每天平均有逾 2.2 万游客享受到专业公司提供的退税服务。

2. 专业退税服务机构

环球蓝联（Global Blue）是一家专业办理退税业务的公司，在 4 大洲 36 个国家和地区建立了分公司和代表处，超过 3 万家的加盟零售商已遍及欧洲、亚洲、美洲 32 个国家和地区，在 36 个国家和地区设立了超过 700 个现金退税点。游客可通过现金、信用卡转账或邮寄银行支票三种方式获得退税。为方便中国游客享受到购物退税服务的权利，该公司在北京、上海、广州和香港的机场和市内建立了 6 个现金退税点。

3. 填写退税支票

当游客在这些商店购物时，领队应该提醒游客向商店索取退税支票，正确填写相应表格可以确保游客及时获得退税。如果商店的全球退税支票（global tax free check）首联是蓝色或粉红色，大多数可以现金方式退税；如果是绿色的，则只能以邮寄银行支票或信用卡划账的形式退税。游客应在支票上用英文填写详细的邮寄地址（含邮编），或填写其有效的国际信用卡卡号，并用环球蓝联公司提供的邮资已付的信封，寄回支票发出国的环球蓝联分公司，这样该公司就可以将增值税退回给游客。

4. 退税率和最低购物金额

欧洲各国的退税率各不相同，可退税的最低购物金额（即游客在同一家商店一天之内的购物总额）也不一样。游客得到的退税款额将是扣除手续费后的增值税金额，专业服务公司将收取一定的单据处理费用。

5. 退税时效

全球退税支票必须是在购物当月后的 1 到 3 个月（荷兰退税支票是 3 个月）之内离开欧洲时，由海关盖章后方可生效。离开欧洲最后一站的海关盖章是唯一可以使退税单有效的法律手续。对于中国游客而言，只要在欧洲海关检验商品盖章后，在旅游目的地国或回国都可以退税。简而言之，如果在欧洲购物准备退税，一定别忘了在离境时到该国海关检验盖章。

6. 国内退税点

游客离境时在欧洲海关盖章后，可以就近在欧洲的各出境机场退税点退税，也可以回到北京、上海、广州、香港的指定退税点退税。在北京、上海和广州，现金退税的币种只能为美元，在香港只能为港币，且只能按退税支票上的金额四舍五入后的整数金额退税。

（六）准备登机

1. 出境旅游领队带领游客前往登机闸口

办完所有的出境手续后，出境旅游领队带领游客到达登机闸口，等候登机。候机过程中，出境旅游领队应注意收听机场内的广播，向机场内的咨询台询问，或从电脑屏幕上查询所搭乘的航班的登机闸口是否有变。

2. 避免游客因购物而误机

游客多数不会放弃候机过程中在免税店购物的机会，此时出境旅游领队应及时提醒游客，要控制好时间，注意登机闸口的楼层和号码，提前返回登机闸口，切勿耽误登机。

为避免出现游客误机的情况发生，出境旅游领队应尽早赶到登机闸口，清点人数，与未能及时赶到的游客取得联系。

任务实施

1. 布置任务

A 旅行社组织的日本六日游即将结束，出境旅游领队和当地导游带领游客来到了日本大阪关西国际机场办理离境手续。航班号为 SC8826，17:20 关西机场起飞，18:55 到达青岛流亭机场。

为了顺利完成实训任务，任课教师需为每组学生准备好日本的入出境登记卡（见图 1-16）、海关申报单（见图 4-2）。

2. 执行任务

■ 实训条件

模拟实训室，可以容纳 50 人，具有行李托运处、移民局查验台、海关申报台、安全检查门、候机厅设施等。如果暂时不具备以上条件，也可以在多媒体教室进行。

学生 5～7 人一组，分别担任出境旅游领队、境外导游、行李托运处工作人员、移民局官员、海关申报查验员等。如果时间允许，每组成员可轮流扮演不同角色，重复实训内容，巩固实训效果。

■ 实训步骤

第一步，出境旅游领队和境外导游帮助游客办理登机牌、托运行李；

第二步，出境旅游领队带团通过移民局离境检查；

第三步，出境旅游领队带团通过海关检查；

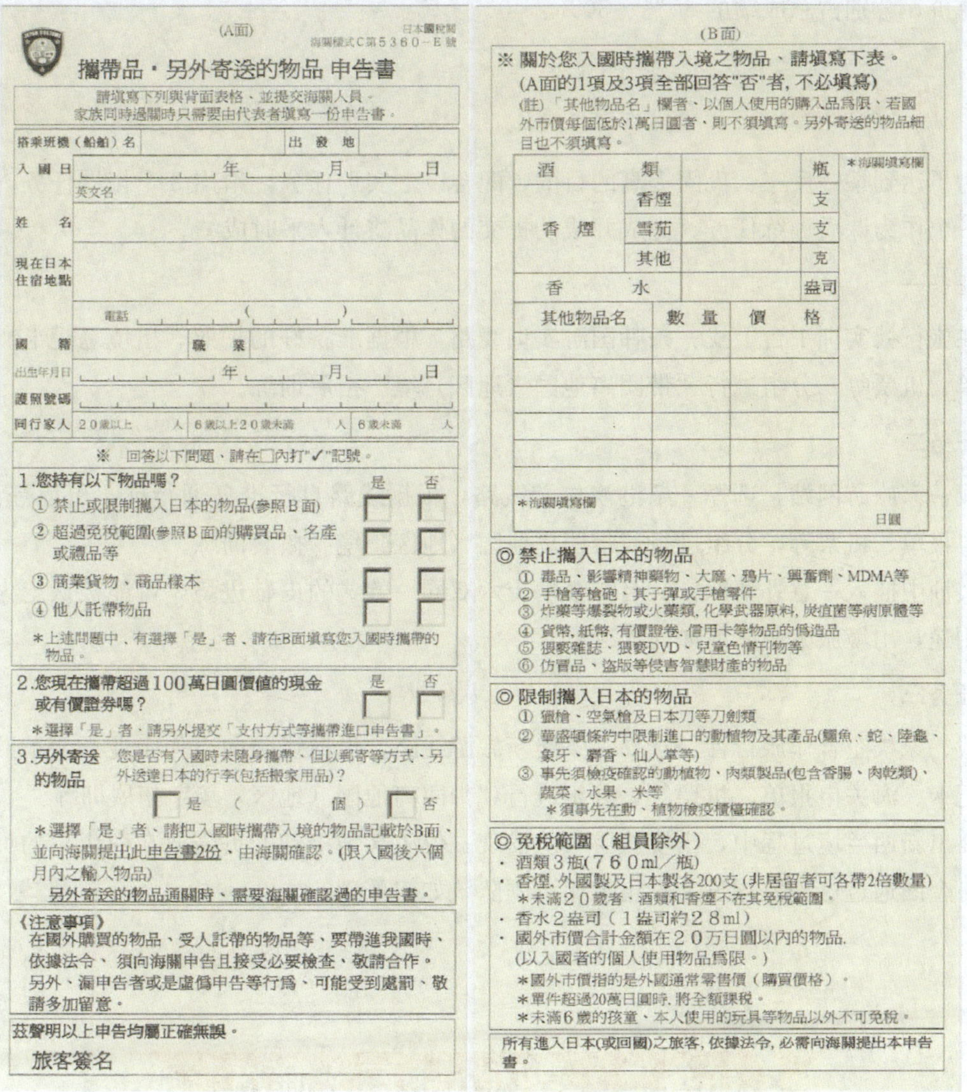

(A面)

日本國稅關
海關樣式C第5360－E號

攜帶品・另外寄送的物品 申告書

請填寫下列與背面表格、並提交海關人員。
家族同時過關時只需要由代表者填寫一份申告書。

搭乘班機（船舶）名		出發地	
入國日	年　月　日		
姓名	英文名		
現在日本住宿地點			
	電話（　）		
國籍		職業	
出生年月日	年　月　日		
護照號碼			
同行家人	20歲以上　人	6歲以上20歲未滿　人	6歲未滿　人

※ 回答以下問題、請在□內打"✓"記號。

1.您持有以下物品嗎？　是　否
① 禁止或限制攜入日本的物品(參照B面)
② 超過免稅範圍(參照B面)的購買品、名產或禮品等
③ 商業貨物、商品樣本
④ 他人託帶物品
*上述問題中、有選擇「是」者、請在B面填寫您入國時攜帶的物品。

2.您現在攜帶超過100萬日圓價值的現金或有價證券嗎？　是　否
*選擇「是」者、請另外提交「支付方式等攜帶進口申告書」。

3.另外寄送的物品　您是否有入國時未隨身攜帶、但以郵寄等方式、另外送達日本的行李(包括搬家用品)？
□是（　個）□否
*選擇「是」者、請把入國時攜帶入境的物品記載於B面、並向海關提出此申告書2份、由海關確認。(限入國後六個月內之輸入物品)
另外寄送的物品通關時、需要海關確認過的申告書。

《注意事項》
在國外購買的物品、受人託帶的物品等、要帶進我國時、依據法令、須向海關申告且接受必要檢查、敬請合作。
另外、漏申告者或是虛僞申告等行爲、可能受到處罰、敬請多加留意。

茲聲明以上申告均屬正確無誤。
旅客簽名

(B面)

※ 關於您入國時攜帶入境之物品、請填寫下表。
(A面的1項及3項全部回答"否"者，不必填寫)
(註)「其他物品名」欄者、以個人使用的購入品爲限、若國外市價每個低於1萬日圓者、則不須填寫。另外寄送的物品細目也不須填寫。

酒類			瓶	*海關填寫欄
香煙	香煙		支	
	雪茄		支	
	其他		克	
香水			盎司	

其他物品名	數量	價格

*海關填寫欄　日圓

◎ 禁止攜入日本的物品
① 毒品、影響精神藥物、大麻、鴉片、興奮劑、MDMA等
② 手槍等槍砲、其子彈或手槍零件
③ 炸藥等爆裂物或火藥類，化學武器原料，炭疽菌等病原體等
④ 貨幣，紙幣，有價證卷，信用卡等物品的僞造品
⑤ 猥褻雜誌、猥褻DVD、兒童色情刊物等
⑥ 仿冒品、盜版等侵害智慧財產的物品

◎ 限制攜入日本的物品
① 獵槍、空氣槍及日本刀等刀劍類
② 華盛頓條約中限制進口的動植物及其產品(鱷魚、蛇、陸龜、象牙、麝香、仙人掌等)
③ 事先須檢疫確認的動植物、肉類製品(包含香腸、肉乾類)、蔬菜、水果、米等
*須事先在動、植物檢疫櫃檯確認。

◎ 免稅範圍（組員除外）
・酒類3瓶(760ml／瓶)
・香煙，外國製及日本製各200支(非居留者可各帶2倍數量)
*未滿20歲者，酒類和香煙不在其免稅範圍。
・香水2盎司（1盎司約28ml）
・國外市價合計金額在20万日圓以內的物品.
(以入國者的個人使用物品爲限。)
*國外市價指的是外國通常零售價（購買價格）。
*單件超過20萬日圓時，將全額課稅。
*未滿6歲的孩童、本人使用的玩具等物品以外不可免稅。

所有進入日本(或回國)之旅客，依據法令，必需向海關提出本申告書。

图 4-2　日本海关申报单

第四步，出境旅游领队指导游客办理购物退税手续；

第五步，出境旅游领队带团准备登机。

3. 成果展示

实训任务完成后，每个小组总结汇报他国（地区）离境实训过程，要求提交一份书面报告以及实训视频。陈述时，小组中每位学生都要发言，发言主要阐述自己在实训中承担的角色以及完成的内容。每小组的展示及陈述，既要体现小组个人的作用，又要体现团体任务的完整性。

对本任务成果实行过程性评价，分小组自评、小组互评以及

提升训练

一名游客在办理退税时怕耽误登机而插队，引起其他游客的不满并发生争吵，出境旅游领队如何制止该游客的插队行为，同时协助他办妥退税手续？

教师评价，分别占总成绩的30%、30%、40%。

任务拓展

为了达到举一反三、巩固提高的目的，配合以上实训任务，给出3个拓展任务，任选其中一个作为课后训练任务。完成并成功提交的作品将计入平时成绩。

任务一

在旅行社实训平台上找一条韩国游实训线路，根据准备好的护照、出境登记卡、海关申报单、机票等，分组进行“带团离他国（地区）境”拓展训练。

任务二

找一家旅游网站，选择一条港澳旅游线路，根据线路自行准备通行证、出境登记卡、海关申报单、机票等，分组进行“带团离他国（地区）境”拓展训练。

实训中插入一意外情况：一名游客携带六双同一款式的皮鞋进境，可能被认定为用于商业用途，出境旅游领队该如何处理？

任务三

找一家校企合作旅行社，选择一条澳新旅游线路，根据线路向合作企业索要护照、出境登记卡、海关申报单、机票等，分组进行“带团离他国（地区）境”拓展训练。

在出新西兰境过程中，出境旅游领队发现一位游客把捡到的贝壳放在商店买的贝壳制品中，企图通过这种方式过关，出境旅游领队该如何处理？

任务二　带团入中国大陆境

任务导入

（1）角色分配与编组：本任务有出境旅游领队、海关和边防以及机场的工作人员、游客等角色。建议5～6名学生为一组完成“带团入中国大陆境”的学习，学生可轮流担任不同角色。

（2）在教师的指导或安排下，每组填写边防检查入境登记卡。

（3）每组选择一种入境受限情况进行模拟处置。

知识准备

一、基本知识

（一）中国海关禁止进境物品

（1）各种武器、仿真武器、弹药及爆炸物品；

（2）伪造的货币及伪造的有价证券；

（3）对中国政治、经济、文化、道德有害的印刷品、胶卷、照片、唱片、影片、录音带、录像带、激光视盘、计算机存储介质及其他物品；

（4）各种烈性毒药；

（5）鸦片、吗啡、海洛因、大麻以及其他能使人成瘾的麻醉品、精神药物；

（6）带有危险性病菌、害虫及其他有害生物的动物、植物及其产品；

（7）有碍人畜健康的、来自疫区的以及其他能传播疾病的食品、药品或其他物品。

（二）中国海关限制进境物品

（1）无线电收发信机、通信保密机；

（2）烟、酒；

（3）濒危的和珍贵的动物、植物（均含标本）及其种子和繁殖材料；

（4）国家货币；

（5）海关限制进境的其他物品。

（三）入境健康申明卡

入境健康申明卡是与入境人员有关的一个文件，内容包括国内行程、航班信息、联系方式、症状或疾病等，目的是预防突发性流感疾病的传播。

根据国家质检总局《关于在全国口岸调整〈入境健康申明卡〉填写措施的公告》（2010 年第 42 号）的要求，自 2010 年 4 月 28 日起，入境人员无下列症状或情况的，可以不必填写入境健康申明卡：

（1）有发热、持续咳嗽，以及呕吐、腹泻、皮疹、呼吸困难、不明原因皮下出血等症状的；

（2）已经诊断患有传染性疾病的；

（3）携带微生物、人体组织、生物制品、血液及其制品等的。

入境人员如有上述症状或情况之一的，须主动口头向出入境检验检疫官员申报，并接受检验检疫；口岸将对入境人员继续采取红外线体温检测、医学巡查、电子监管等无干扰检疫措施，对入境人员携带物品继续进行 X 光机检查。

二、出境旅游领队带团入中国大陆境流程

团队抵达国内口岸后，出境旅游领队要带领协助游客办理各种入境手续，流程大致见图 4－3：

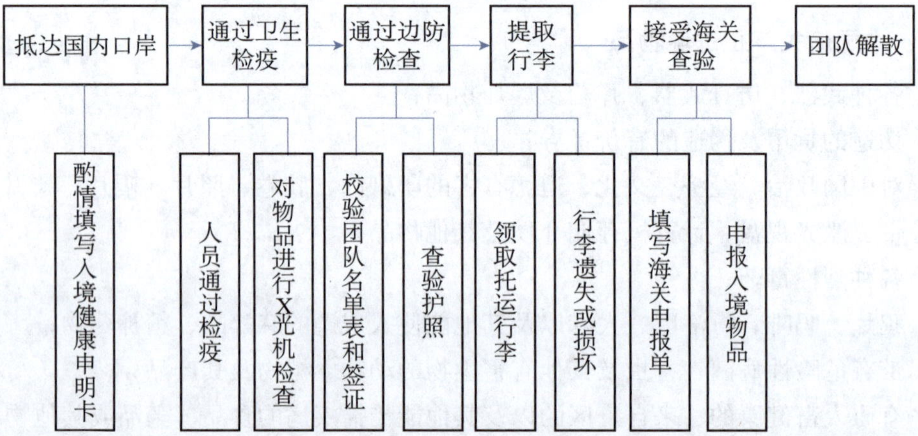

图 4－3　出境旅游领队带团入中国大陆境流程图

（一）抵达国内口岸

出境旅游领队应指导“有发热、持续咳嗽，以及呕吐、腹泻、皮疹、呼吸困难、不明原因皮下出血等症状的”或“已经诊断患有传染性疾病的”或“携带微生物、人体组织、生物制品、血液及其制品等的”游客，填写入境健康申明卡，主动申报。

（二）通过卫生检疫

包括人员通过检疫及海关人员对物品进行 X 光机检查。

（三）通过边防检查

游客在中国边检站柜台前排队，按顺序将护照交给入境检查员，接受边防检查站的入境检查。入境检查员核准后在护照上盖入境验讫章并交还游客，则入境边检手续完成，游客即可入境。

旅游团体可持团体签证，根据中国公民出国旅游团队名单表顺序走团队通道。中国公民出国旅游团队名单表中的入境边防检查专用联由边检收存，旅行社自留专用联和旅游行政部门审验专用联交还给出境旅游领队。

（四）提取行李

1. 领取托运行李

完成入境边防检查进入中国境内后，出境旅游领队及游客可按照行李认领处的电子指示牌的标识，在行李转盘上找到自己托运的行李。

2. 行李遗失或损坏

当游客发现自己行李遗失或损坏时，出境旅游领队应协助游客到机场的行李查询台咨询及申报。根据相关规定，行李丢失或延误申报最迟不得超过 21 日（从行李交付之日起算）联系当地的航空公司办事处；损坏申赔不得超过 7 天，否则视乘客自动放弃权利。

（五）接受海关查验

进境旅客携带有下列物品的，应在中华人民共和国海关进出境旅客行李物品申报单相应栏目内如实填报，并将有关物品交海关验核，办理有关手续：

（1）动、植物及其产品，微生物、生物制品、人体组织、血液制品；

（2）居民旅客在境外获取的总值超过人民币 5 000 元（含 5 000 元，下同）的自用物品；

（3）非居民旅客拟留在中国境内的总值超过 2 000 元的物品；

（4）酒精饮料超过 1 500 毫升（酒精含量 12 度以上），或香烟超过 400 支，或雪茄超过 100 支，或烟丝超过 500 克；

（5）人民币现钞超过 20 000 元，或外币现钞折合超过 5 000 美元；

（6）分离运输行李，货物、货样、广告品；

（7）其他需要向海关申报的物品。

海关设置有“无申报通道”和“申报通道”（或海关申报台）。无申报物品的旅客可选择“无申报通道”，接受海关的检查，违反规定者，海关依《中华人民共和国海关法》和《中华人民共和国海关法行政处罚实施条例》的有关规定处理。有申报物品及不明规定的旅客应主动选择“申报通道”的申报处申报或到海关申报台申报，主动出示本人的有效身份证件，填写有关书面申报单证，并将行李物品交海关查验，其他任何形式或在其他任何时间、地点做出的申明，海关均不视为有效申报。通过海关查验后，团队正式解散。

知识链接

《中华人民共和国禁止携带、邮寄进境的动植物及其产品名录》

1. 动物及动物产品类

（1）活动物（犬、猫除外），包括所有的哺乳动物、鸟类、鱼类、两栖类、爬行类、昆虫类和其他无脊椎动物，动物遗传物质。

（2）（生或熟）肉类（含脏器类）及其制品；水生动物产品。

（3）动物源性奶及奶制品，包括生奶、鲜奶、酸奶，动物源性的奶油、黄油、奶酪等奶类产品。

（4）蛋及其制品，包括鲜蛋、皮蛋、咸蛋、蛋液、蛋壳、蛋黄酱等蛋源产品。

（5）燕窝（罐头装燕窝除外）。

(6) 油脂类，皮张、毛类，蹄、骨、角类及其制品。

(7) 动物源性饲料（含肉粉、骨粉、鱼粉、乳清粉、血粉等单一饲料）、动物源性中药材、动物源性肥料。

2. 植物及植物产品类

(1) 新鲜水果、蔬菜。

(2) 烟叶（不含烟丝）。

(3) 种子（苗）、苗木及其他具有繁殖能力的植物材料。

(4) 有机栽培介质。

3. 其他类

(1) 菌种、毒种等动植物病原体，害虫及其他有害生物，细胞、器官组织、血液及其制品等生物材料。

(2) 动物尸体、动物标本、动物源性废弃物。

(3) 土壤。

(4) 转基因生物材料。

(5) 国家禁止进境的其他动植物、动植物产品和其他检疫物。

任务实施

1. 布置任务

A旅行社组织的“澳洲六日游”结束，领队小王带领游客到达青岛流亭机场，为游客办理归国入境手续。

知识链接

关于进境旅客所携行李物品验放标准有关事宜

（海关总署公告〔2010〕54号）

为进一步增强海关执法透明度，方便旅客进出境，明确进境旅客行李物品征免税规定，规范和统一海关验放标准，现就有关事项公告如下：

一、进境居民旅客携带在境外获取的个人自用进境物品，总值在5 000元人民币以内（含5 000元）的；非居民旅客携带拟留在中国境内的个人自用进境物品，总值在2 000元人民币以内（含2 000元）的，海关予以免税放行。单一品种限自用、合理数量，但烟草制品、酒精制品以及国家规定应当征税的20种商品等另按有关规定办理。

二、进境居民旅客携带超出5 000元人民币的个人自用进境物品，经海关审核确属自用的；进境非居民旅客携带拟留在中国境内的个人自用进境物品，超出人民币 2 000 元的，海关仅对超出部分的个人自用进境物品征税。对不可分割的单件物品，全额征税。

三、有关短期内多次来往旅客行李物品征免税规定、验放标准等事项另行规定。

2. 执行任务

■ 实训条件

模拟实训室，可以容纳 50 人，具有边防检查站、海关申报台、行李转盘处等设施。如果暂时不具备以上条件，也可以在多媒体教室进行。

学生 5～6 人一组，分别担任出境旅游领队、游客、边防检查员、海关工作人员、行李查询台工作人员等。如果时间允许，每组成员可轮流扮演不同角色，重复实训内容，巩固实训效果。

■ 实训步骤

第一步，帮助游客填写中华人民共和国海关进出境旅客行李物品申报单；

第二步，带领旅游团完成入境边防检查；

第三步，带领旅游团通过海关申报台；

第四步，带领旅游团领取行李；

第五步，协助游客处理行李遗失问题。

3. 成果展示

实训任务完成后，每个小组总结汇报入中国大陆境的实训过程，要求提交一份书面报告以及实训视频。陈述时，小组中每位学生都要发言，发言主要阐述自己在实训中承担的角色以及完成的内容。各小组的展示及陈述，既要体现小组个人的作用，又要体现团体任务的完整性。

对本任务成果实行过程性评价，分小组自评、小组互评以及教师评价，分别占总成绩的 30%、30%、40%。

提升训练

海关在抽查过程中，发现一位游客在国外购买的两台苹果 iPad 未经申报，对此出境旅游领队应该如何应对？

任务拓展

为了达到举一反三、巩固提高的目的，配合以上实训任务，给出 3 个拓展任务，任选其中一个作为课后训练任务。完成并成功提交的作品将计入平时成绩。

任务一

在旅行社实训平台上找一条日本游或韩国游实训线路，根据准备好的中华人民共和国海关进出境旅客行李物品申报单、护照、团队名单表等材料，分组进行“带团入中国大陆境”拓展训练。

任务二

找一家旅游网站，选择一条港澳旅游线路，根据线路自行准备中华人民共和国海关进出境旅客行李物品申报单、通行证、团队名单表等材料，分组进行“带团入中国大陆境”拓展训练。

实训中插入一特殊情况：在入境之前，出境旅游领队发现一位游客有比较严重的发热症状，该如何处置？

任务三

找一家校企合作旅行社，选择一条澳新旅游线路，根据线路向合作企业索要中华人民共和国海关进出境旅客行李物品申报单、护照、团队名单表等材料，分组进行“带团入中国大陆境”拓展训练。

实训中插入一意外情况：一名游客发现自己的行李遭到严重损坏，出境旅游领队应如何协助处理？

任务三 做好归国后的工作

任务导入

（1）角色分配与编组：本任务有出境旅游领队、出境计调、导领部经理和游客等角色。建议 4～5 名学生为一组完成“做好归国后的工作”的学习，学生可轮流担任不同角色。

（2）在教师的指导或安排下设计旅游服务质量评价表，填写领队日志。

（3）与游客展开交流，争取忠诚客户。

知识准备

一、旅游服务质量

旅游服务质量是指旅游企业提供服务的特性和特征的总和。旅游产品的过程性，决定了旅游服务质量是在旅游企业与游客之间的行为接触和情感交流中生成的。旅游服务质量包括结果质量和过程质量两个部分。

（一）结果质量

结果质量是游客在消费结束之后的“所得”，具体地说，是指旅游企业提供的服务项目、服务时间、设施设备、环境气氛等满足游客需求的程度。结果质量与旅游企业的“硬件”有关，如酒店客房的宽敞程度、旅游景点的设施特征、旅行车的豪华程度等都取决于旅游企业的技术能力，因此，结果质量又称为技术性质量，游客对技术性质量的评价相对比较客观。

（二）过程质量

过程质量衡量游客对获得服务结果的过程的满意程度。旅游服务的生产和消费具有同步性，服务的生产过程就是游客的消费过程，服务人员的行为举止必然影响游客对服务质量的感知。过程质量不仅与服务人员的仪表仪容、服务态度、服务程序、服务方法以及工作效率等因素有关，还受到游客心理特点、知识水平、行为偏好的影响。过程质量是旅游企业的“软件”，它说明旅游企业是如何提供服务的，因此旅游过程质量又称功能性质量。与技术性质量不同，对功能性质量一般不能用客观标准来衡量，游客通常采用主观的方式感知功能性服务质量。

如上所述，旅游服务质量不是仅仅产出质量，游客还将亲自参与服务质量的形成，他们对服务质量的全面感受是一个复杂的过程。简言之，游客通过比较预期服务质量与体验服务质量的差距，形成对旅游服务质量的感知。旅游服务质量的特点有：

（1）过程性：旅游服务质量的重点是过程质量，而不是结果质量。

（2）主观性：旅游服务质量是感知质量，而不是产出质量。

（3）整体性：旅游服务质量不是某个部门的职责，而是企业整体的责任。

二、带团归国后的工作流程

出境旅游领队在带领团队完成行程返回国门后，在旅游公司要完成的后续工作仍然是不可忽视的。领队需要做好与组团社计调人员的交接工作、所带团的账务处理以及对游客的后续服务等（见图 4-4）。

（一）与计调人员进行工作交接

1. 工作汇报

出境旅游领队回到组团社与出境计调人员进行工作汇报，可以分为口头工作汇报和书面报告两部分。进行口头工作汇报时，出境旅游领队需要对所带团队进行简单的过程描述和基本评价，对发生的问题及解决过程分项进行概要汇报。如果出境旅游领队有对团队的行程安排、地面接待的改进意见及其他合理化建议，可以一并提出。书面报告是指出境旅游领队向出境计调人员交接的文字资料，除组团社所需求填写的领队日志、旅游服务质量评价表之外，也包括此团运行过程中产生的其他资料，如邀请函、中国公民出国（境）旅

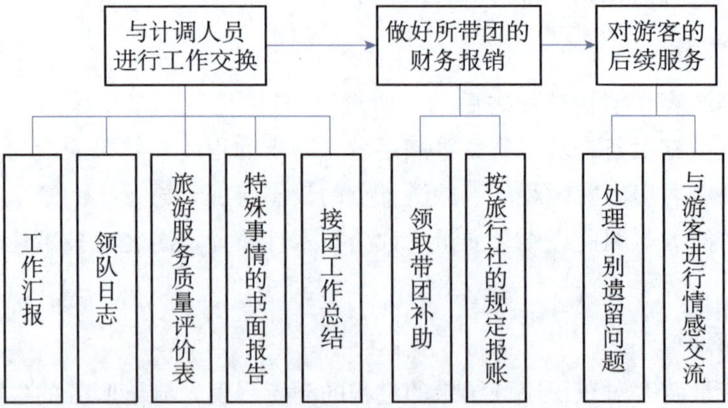

图 4-4　出境旅游领队带团归国后的工作流程

游团队名单表的旅行社自留专用联和旅游行政部门审验专用联等。

2. 领队日志

出境旅游领队按照要求每日填写的领队日志（见表 4-1）记载团队从出发到归来每天的主要情况。包括住宿酒店、用餐、游览、导游、当日交通工具的运用等，是团队运行的原始记录，领队将其交给计调人员后，应当归入该团的档案中。出境旅游领队交回来的领队日志应当保存完整，所有应该逐日填写的内容均已按照要求填写，没有中断。出境计调人员应对出境旅游领队交回的领队日志现场进行认真翻阅，如发现有缺失内容，应要求出境旅游领队进行填补。对出境旅游领队在领队日志中反映的问题，要及时进行处理，避免类似问题重复出现。对其中的重要问题，应向部门经理汇报。

3. 旅游服务质量评价表

出境旅游领队将在出团说明会上发给游客的旅游服务质量评价表回收后，需交给计调人员。旅游服务质量评价表集中了游客对旅行社提供的境外的旅游、食宿、导游等多项服务的评价意见，是来自游客的最直接的反映，对旅行社改进工作会有帮助。旅游服务质量评价表通常由旅行社的客户服务部门留存。

4. 特殊事情的书面报告

对带团当中团队在旅游期间发生的一些重要情况，如行程变更、行李丢失、游客特殊诉求等，出境旅游领队应当提供单独的书面报告，对事情的整个过程进行详细记录，并附上游客签字的单据等凭证，用来归档和日后查询。

5. 接团工作总结

出境旅游领队的接团工作总结应当包括对所带团队的认识、对目的地国家的讲解要点，以及对改进线路产品的建议等。这对提高出境旅游领队认知水平和业务能力十分重要，也可以使业务智慧得以很好地体现。导领部经理应对出境旅游领队的总结及时批阅，避免问题拖延。

表 4-1 出境旅游领队日志

团号			日期		
出境领队			团员人数		
出入口岸			房间数		
出发航班			返程航班		
地陪导游			地陪电话		
团队类型			团队标准		
车况			餐标		
地接社		联系人		电话	
团队特别要求					

用餐评价		餐厅名称	快捷	环境	态度	口味	其他
第一天	早						
	中						
	晚						
第二天	早						
	中						
	晚						
第…天							

住宿评价	酒店名称	设施完善	内部环境	交通便利	服务快捷	服务态度	其他
第一晚							
第二晚							
第…晚							

地陪评价	地陪姓名				性别		年龄	
指标	语言驾驭	知识丰富	服务态度	与客互动	应变能力	其他		
分值								

用车评价	车号		车龄		车队		司机	

指标	安全	快捷	舒适	服务	其他
分值					

购物评价	地点	商店名称	购物环境	服务	品质	价位	其他
日期							

团队情况总结及建议
市场情况（途中收集的其他旅行社情况，如报价、人数、酒店、用餐及行程安排等）

（二）做好所带团的财务报销

1. 按照旅行社的规定报账

出境旅游领队依照旅行社财务规定，整理好相关收据和凭证，在规定的时间内到财务部门报账。

2. 领取带团补助

报账时，出境旅游领队要交付出团计划，按照旅行社的规定领取出团补助。出境旅游领队在带团期间的借款或因特殊原因得到组团社批准但由个人垫付的房费、餐费、交通费或其他费用，也需在报账时一并结清。

（三）对游客的后续服务

1. 处理个别遗留问题

有些游客会对旅行社的安排不太满意并致电或致函表达诉求，对于其中与出境旅游领队密切相关的问题，出境旅游领队应协助客户服务部门给予答复。

2. 与游客进行情感交流

出境旅游领队可以通过电子邮件、微信群等方式与游客保持沟通，沟通内容如交换照片、提供旅游新知识和新线路信息、寄送生日或结婚纪念日贺卡等。另外也可以采取定期电话联系或聚餐的方式，为旅行社争取忠诚客户。

任务实施

1. 布置任务

A 旅行社出境旅游领队小王负责的“海洋绿洲号美国 14 日游”顺利结束，现需按服务程序处理返回后的工作。

“海洋绿洲号美国 14 日游”行程单

■ 第一天　04.25（星期三）北京→芝加哥→纽约

航班：AA368　芝加哥—纽约　12:30—15:50

中午在首都机场集合乘坐美国航空飞机前往纽约，抵达享用晚餐后前往酒店休息

餐食：早餐（×）中餐（×）晚餐（√）　住宿：Crowne Plaza-Somerset 或者同级

■ 第二天　04.26（星期四）纽约

早餐后游览世界金融中心——华尔街，这里集中了纽约证券交易所（途经）、美国证券交易所（途经），以及收藏 1789 年华盛顿就任美国第一任总统史迹的联邦大厅国家纪念堂（途经）等。接着游览为维系世界和平做出卓越贡献的联合国总部大厦（不进会

议室）（约30分钟），之后乘船观赏美国和纽约的象征——自由女神像。下午到中心商业区——曼哈顿中城区第五大道自由参观、购物，外观洛克菲勒中心以及NBC电视台总部。游览城市地标——时代广场，百老汇的各大剧院门前灯光璀璨。晚上前往帝国大厦，登顶俯瞰五彩的霓虹灯和耀眼的LED招牌的光亮盖过夜空中的星星。

餐食：早餐（√）中餐（√）晚餐（√） 住宿：Crowne Plaza-Somerset或者同级

■ 第三天 04.27（星期五）纽约→费城→华盛顿

早餐后，前往华盛顿，外观早期国会、独立宫、独立广场、自由钟（进入参观，约30分钟）。费城是美国第四大都市，是起草与签署《独立宣言》之地；第一次和第二次大陆会议均在此召开。而美国宪法草案也是在费城起草和签署的，这里是美国和美国民主的诞生地。傍晚抵达华盛顿，入住酒店休息。

餐食：早餐（√）中餐（√）晚餐（√） 住宿：Wingate by Wyndham Chantilly/Dulles Airport或者同级

■ 第四天 04.28（星期六）华盛顿→奥兰多

参考航班：AA2375 华盛顿—奥兰多 17:30—20:25

早餐后参观国会大厦（外观）、白宫（外观）、国家航空航天博物馆、林肯纪念碑、造币厂。下午乘机飞往奥兰多。晚餐为简单路餐，之后入住酒店休息。

餐食：早餐（√）中餐（√）晚餐（√） 住宿：Double Tree By Hilton或者同级

■ 第五天 04.29（星期日）卡纳维拉尔角→奥兰多 到港时间16:30

早餐后前往专用码头办理登船手续。您将登上皇家加勒比国际游轮公司精心打造的最豪华的海上巨无霸，上船后，参观豪华游轮的各项设施并参加游轮救生演习，随后开始加勒比海豪华游轮畅游之旅。

餐食：早餐（√）中餐（豪华邮轮）晚餐（豪华邮轮） 住宿：豪华邮轮

■ 第六天 04.30（星期一）海上巡游

今日在海上巡游。在餐厅吃过丰盛的早餐后，您可以沐浴着阳光在甲板上漫步，还可以在商场里给自己买些旅游纪念品或挑选些礼物送给亲朋好友，或者您更愿意待在游泳池里或SPA美容馆里。如果敢于冒险，您还可以在夜幕降临的时候去攀岩，感受惊心动魄。您可参考“每日活动表”选择喜爱的节目，今日皇家赌场、宾果游戏、免税商店街、日光浴、美容院、SPA等是热门。晚上您可以在豪华的餐厅里悠然品尝香槟，然后在剧院欣赏优雅的艺术表演，这样您就可以度过了精彩的一天。

餐食：早餐（豪华邮轮）中餐（豪华邮轮）晚餐（豪华邮轮） 住宿：豪华邮轮

■ 第七天 05.01（星期二）拉巴第（海地） 到港时间08:00 离港时间16:30

今日上午豪华游轮抵达海地最美丽的岛屿拉巴第。这是专属所有搭乘皇家加勒比国际游轮公司旅客的度假天堂，更是一个纯净、无污染且充满异国情调的海岛。在此您可浮潜或游泳，静静地享受拉巴第美丽的海滩景色。您还可悠闲地在拉巴第海湾上划船，在欣赏美丽海滩和奇异景色的同时，导游会给您讲解海地丰富而多彩的历史文化渊源。夕阳余晖，回到游轮上，洗个蒸汽浴或桑拿，再享用丰盛的海鲜大餐，坐拥海上落日美景。(进行自费岸上观光或自由活动的过程中，可返回游轮用餐。)

餐食：早餐（豪华邮轮）中餐（豪华邮轮）晚餐（豪华邮轮）　住宿：豪华邮轮

■第八天　05.02（星期三）法尔茅斯（牙买加）到港时间：10:00　离港时间：19:00

今天邮轮抵达牙买加北岸港口法尔茅斯。法尔茅斯原为附近甘蔗种植园的起运港，现为蔗糖、糖酒、咖啡、生姜、胡椒、香蕉、蜂蜜、染料木等产品的贸易中心。城内有法院楼（1813年重建）和邮政楼等古老建筑。

餐食：早餐（豪华邮轮）中餐（豪华邮轮）晚餐（豪华邮轮）　住宿：豪华邮轮

■第九天　05.03（星期四）海上巡游

餐食：早餐（豪华邮轮）中餐（豪华邮轮）晚餐（豪华邮轮）　住宿：豪华邮轮

■第十天　05.04（星期五）科兹美（墨西哥）　到港时间：07:00　离岸时间：18:00

豪华游轮清晨行经普拉亚得卡门群岛，此地是加勒比海西部景色美丽、环境优雅的海岛群，岛上的自然风光及人文景观会让您永难忘怀。早上到达科兹美，中为丘陵地带，外为沙滩，是优雅安宁的世外桃源。世界最古老的文明之一的玛雅文化遗迹完整地保存在科兹美岛，前往玛雅人的圣地文化遗迹参观，让您置身于气氛诡异的古城废墟中，一饱怀旧思古之梦。当地的银器、首饰和手工艺品都很出名，是不错的礼物选择。

餐食：早餐（豪华邮轮）中餐（豪华邮轮）晚餐（豪华邮轮）　住宿：豪华邮轮

■第十一天　05.05（星期六）海上巡游

餐食：早餐（豪华邮轮）中餐（豪华邮轮）晚餐（豪华邮轮）　住宿：豪华邮轮

■第十二天　05.06（星期日）卡纳维拉尔角（美国）　到港时间 06:15—迈阿密（车程3小时）

邮轮早上抵达佛罗里达州的卡纳维拉尔角港，办理离船手续。之后前往佛罗里达大湿地国家公园乘坐风力船深入沼泽地观察野生鳄鱼、鸟类等动物，之后前往奥特莱斯自由购物。

餐食：早餐（豪华邮轮）中餐（√）晚餐（√）　住宿：Holiday Inn Express Hotel 或者同级

■第十三天　05.07（星期一）迈阿密→达拉斯→北京

参考航班：AA263 迈阿密—达拉斯　7:15—14:40

AA263 达拉斯—北京　15:50—14:15+1

早上前往机场，乘机经达拉斯转机后，回到北京。

餐食：早餐（外带）中餐（×）晚餐（×）　住宿：飞机上

■第十四天　05.08（星期二）北京

晚上14:15抵达北京，结束愉快的邮轮之旅。

温馨提示

(1) 时差：行程所涉及国家与北京时差约13小时。

(2) 行程中所列航班及时间仅供参考，将根据实际情况做出适当调整。

(3) 行程中所标注的邮轮启程、抵达时间仅供参考，请以当天邮轮公司公布的最终时间为准。

(4) 岸上精华游价格参照邮轮公司价目表，具体岸上游览费用可能会因为交通费用、行程安排以及外币汇率的影响而变化。

(5) 用餐时间在飞机上或转机途中以机上供餐或游客自理为准，不再另补。

(6) 行程中注明的城市间距离、标示的停留时间及游览顺序，仅供参考。视当地交通状况做出适当调整，但不会减少行程内容。

(7) 根据当地法律规定，导游和司机每天工作时间不得超过10小时（包括休息时间）。

(8) 产品中涉及的国家及地区均有“小费文化”，需酌情给司机、导游、领队一定数额小费（机场交领队）。

(9) 请不要将贵重物品及自用应急药品放在托运行李中，以免丢失。旅游过程中，也请妥善保存。

(10) 如遇不可预见之航空公司、天气及地接等政策调整所致的费用增加，我司有权另行收取实际多发生的费用。请予以理解。

(11) 根据目的国使馆之要求，游客在参团期间不能离团。

(12) 如游客系港澳台人士，或持外籍护照，请于出发前确认是否有再次进入中国大陆的有效证件。

(13) 此行程为参考行程，我司将根据人数、航班、签证及目的国之变化，保留调整权利。

(14) 邮轮公司提供的岸上观光项目只有英语导游，没有中文导游讲解服务；鉴于服务质量和专业水平的问题，领队无法提供讲解的翻译服务。

知识链接

A旅行社团队账目审批规定

(1) 所有团队、散客合同一经签订，应及时把所收团款交到财务部，不得个人保留团款，一经发现处以100～1 000元的罚款。

(2) 原则上团款专款专用，导游外出带团需从财务部借款时，必须查看该团团款回收情况，以计调出具的所需金额为准借出费用。

(3) 所有团队的支出一律由总经理和财务副总签字后报给财务部，财务部要严格审核各项开支，确定各种票据数字吻合且有效后，方可予以报账。

(4) 所有团队团款出团前付80%，余款在团队返回后5日之内必须全部结清，若出现呆账、坏账需追究责任，谁造成的损失谁负责；散客出团前必须交清全部费用，否则不予发团，特殊情况须请总经理、财务副总批准。

(5) 所有团队在报账时必须有合同、行程、领队日志、报销单、游客意见表、旅游接待计划书，缺一不可，并装订成册，否则不予报账。

2. 执行任务

■ 实训条件

模拟实训室办公区，可以容纳50人，有计调工作区、财务工作区、经理室等。如果暂时不具备以上条件，也可以在普通教室进行。

学生4～5人一组，分别担任出境领队、出境计调人员、导领部经理和游客等。如果时间允许，每组成员可轮流扮演不同角色，重复实训内容，巩固实训效果。

■ 实训步骤

第一步，根据所提供的材料，填写一份领队日志；

第二步，设计一份旅游服务质量评价表，并模拟邀请游客填写；

第三步，与计调人员进行口头汇报；

第四步，模拟报账程序；

第五步，模拟与游客的沟通，处理善后事宜。

3. 成果展示

实训任务完成后，每个小组总结汇报带团返回后的工作的实训过程，要求提交一份书面报告以及实训视频。陈述时，小组中每位学生都要发言，发言主要阐述自己在实训中承担的角色以及完成的内容。每小组的展示及陈述，既要体现小组个人的作用，又要体现团体任务的完整性。

对本任务成果实行过程性评价，分小组自评、小组互评以及教师评价，分别占总成绩的30%、30%、40%。

提升训练

出境旅游领队在与出境计调人员交接完毕，与导领部经理汇报工作过程中，正好碰上一位游客过来投诉：在境外游览时，出境旅游领队和境外导游不允许他去探望亲友。请出境旅游领队与导领部经理一起处理这一问题。

任务拓展

学生完成以上实训任务，本课程教学任务基本完成。为了达到巩固提高的目的，结合以上所学项目与任务，给出3个综合性拓展项目，任选其中一个作为课后训练项目。完成并成功提交的作品将计入平时成绩。

综合项目一

每组学生利用旅行社实训平台和模拟机场实训室，挑选一条东南亚旅游线路，借助教师给定的护照、团队名单、出入境登记卡、机票、海关申报单、健康申明卡、旅游行程表、领队日志、旅游服务质量评价表等材料，模拟训练出境旅游领队从出境服务准备、出境领队服务、境外全陪服务到返程领队服务的全过程。

综合项目二

每组学生利用旅行社实训平台和模拟机场实训室，挑选一条日韩旅游线路，自行准备护照、团队名单、出入境登记卡、机票、海关申报单、健康申明卡、旅游行程表、领队日志、旅游服务质量评价表等材料，模拟训练出境旅游领队从出境服务准备、出境领队服务、境外全陪服务到返程领队服务的全过程。

综合项目三

每组学生选择一家校企合作旅行社，到旅行社去，与导领部经理或出境旅游领队一起，挑选一条欧洲或美洲旅游线路，利用旅行社的工作场地和出境所需真实材料，模拟训练出境旅游领队从出境服务准备、出境领队服务、境外全陪服务到返程领队服务的全过程。

参考文献

[1] 北京市旅游局．出境旅游领队实务［M］. 北京：旅游教育出版社，2002.

[2] 胡萍．出境领队实务［M］. 长春：东北师范大学出版社，2014.

[3] 梁文生．导游实务［M］. 济南：山东科学技术出版社，2014.

[4] 刘亚轩．旅游中外民俗［M］. 北京：中国旅游出版社，2017.

[5] 陆建鸣．出境旅游领队操作实务［M］. 北京：旅游教育出版社，2016.

[6] 骆高远．中外民俗［M］. 上海：上海交通大学出版社，2014.

[7] 饶华清．中国出境旅游目的地概况（双语）［M］. 北京：中国人民大学出版社，2014.

[8] 王健民．出境旅游领队实务［M］.4 版．北京：旅游教育出版社，2013.

[9] 王连义．海外风情趣谈［M］. 北京：中国旅游出版社，2002.

[10] 王雨佳．出境旅游领队法律法规［M］. 北京：旅游教育出版社，2016.

[11] 夏林根．出境旅游目的地概况［M］. 北京：旅游教育出版社，2016.

[12] 徐辉．出境旅游领队实务［M］. 北京：中国财政经济出版社，2016.

[13] 袁智敏，仉向明．领队英语［M］.5 版．北京：旅游教育出版社，2016.

[14] 曾招喜，曹青，黄鸿．饭店职业英语［M］. 北京：中国旅游出版社，2012.

[15] 赵序，樊光华．中外民俗［M］. 桂林：广西师范大学出版社，2015.

[16] 周彩屏．导游技能训练［M］.2 版．北京：高等教育出版社．2015.

[17] Benedict Kruse，Bettijune Kruse. English for the Travel Industry：Instrumental English. New York，McGraw-Hill，1982.

附　录

一、出境旅游常用词汇与术语（英汉对照）

（一）出入境词汇与术语

family name，surname	姓
first name，given name	名
sex，gender	性别
male	男
female	女
nationality，country of citizenship	国籍
passport number	护照号
country of origin	原住地
destination country	前往国
city where you boarded	出发城市
city where visa was issued	签证签发地
date of issue	签发日期
date of birth，birth date	出生日期
year	年
month	月
day	日
accompanying number	偕行人数
signature	签名
official use only	官方填写
occupation	职业
passport	护照

visa	签证
embarkation	登机、启程
disembarkation	登岸
business visa	商务签证
tourist visa	旅游签证

（二）乘机词汇与术语

terminal	航站楼、终点站
arrival lobby	入境大厅
departure lobby	出境大厅
gate number	登机门号码
boarding card，boarding pass	登机牌
airport tax	机场税
check-in counter	登机手续办理处
customs service area	海关申报处
currency declaration	货币申报
duty-free items	免税商品
large	大号
medium	中号
small	小号
souvenir	纪念品
baggage，luggage	行李
checked baggage	托运的行李
baggage claim area	行李领取处
carry-on baggage	随身行李
baggage tag	行李牌
luggage cart	行李推车
tax-free refund	退税处
lavatory，washroom，toilet	盥洗室（厕所）
Men's，Gent's，Gentlemen's	男厕
Women's，Lady's	女厕
occupied	使用中
vacant	空闲
steward（stewardess）	男（女）空服员

in-flight sales	机内免税贩卖

(三）钱币兑换常用词汇

currency exchange shop	外币兑换店
exchange rate	汇率
traveler's check	旅行支票
commission	手续费
we buy（bid）	银行买入价
we sell（ask）	银行卖出价

(四）入住饭店词汇和术语

check-in	入住登记手续
room service	客房送餐服务
check out（time）	退房（时间）
front desk，reception	前台
lobby	酒店大堂
coffee shop	咖啡馆
waiter	服务员、侍者
wake-up call，morning call	电话叫醒服务

(五）日常用语

How do you do? I'm glad to meet you. / It's nice meeting you.	你好，很高兴认识你。
May I have your name，please?	请问你叫什么名字？
May I try it on?	我可以试穿一下吗？
How much?	多少钱？
Please show me the menu.	请把菜单给我。
Cheers! Bottoms up!	干杯！
I'm lost. Could you do me a favor to find my hotel?	我迷路了，您能告诉我怎么回酒店吗？
Could you take a picture for me?	你能帮我拍照吗？
Thank you very much.	非常感谢。
You're welcome.	不客气。
I just couldn't help it.	我就是忍不住。
Let's keep in touch.	让我们保持联系。

How can I get in touch with you?	我怎样能跟你联络上？
I'll do my best.	我将会尽最大努力。
Wait a moment please.	请稍等一下。
After you.	你先请。
We'd better be off.	我们该走了。
I'm really dead.	我真要累死了。
Is that so?	真是那样吗？
I don't know for sure.	我不能肯定。
That's something.	太好了！太棒了！
Brilliant idea!	这主意真棒！
Do you really mean it?	此话当真？
You are a great help.	你帮了大忙。
I'm broke.	我身无分文。
I never liked it anyway.	我一直不太喜欢这东西。
Don't play games with me!	别跟我耍花招！
That depends.	看情况再说。

二、《中国公民出国旅游管理办法》

（2002 年 5 月 27 日中华人民共和国国务院令第 354 号公布，根据 2017 年 3 月 1 日《国务院关于修改和废止部分行政法规的决定》修订）

第一条 为了规范旅行社组织中国公民出国旅游活动，保障出国旅游者和出国旅游经营者的合法权益，制定本办法。

第二条 出国旅游的目的地国家，由国务院旅游行政部门会同国务院有关部门提出，报国务院批准后，由国务院旅游行政部门公布。

任何单位和个人不得组织中国公民到国务院旅游行政部门公布的出国旅游的目的地国家以外的国家旅游；组织中国公民到国务院旅游行政部门公布的出国旅游的目的地国家以外的国家进行涉及体育活动、文化活动等临时性专项旅游的，须经国务院旅游行政部门批准。

第三条 旅行社经营出国旅游业务，应当具备下列条件：

（一）取得国际旅行社资格满 1 年；

（二）经营入境旅游业务有突出业绩；

（三）经营期间无重大违法行为和重大服务质量问题。

第四条 申请经营出国旅游业务的旅行社，应当向省、自治区、直辖市旅游行政部门提出申请。省、自治区、直辖市旅游行政部门应当自受理申请之日起 30 个工作日内，依据本办法第三条规定的条件对申请审查完毕，经审查同意的，报国务院旅游行政部门批准；经审查不同意的，应当书面通知申请人并说明理由。

国务院旅游行政部门批准旅行社经营出国旅游业务，应当符合旅游业发展规划及合理布局的要求。

未经国务院旅游行政部门批准取得出国旅游业务经营资格的，任何单位和个人不得擅自经营或者以商务、考察、培训等方式变相经营出国旅游业务。

第五条 国务院旅游行政部门应当将取得出国旅游业务经营资格的旅行社（以下简称组团社）名单予以公布，并通报国务院有关部门。

第六条 国务院旅游行政部门根据上年度全国入境旅游的业绩、出国旅游目的地的增加情况和出国旅游的发展趋势，在每年的 2 月底以前确定本年度组织出国旅游的人数安排总量，并下达省、自治区、直辖市旅游行政部门。

省、自治区、直辖市旅游行政部门根据本行政区域内各组团社上年度经营入境旅游的业绩、经营能力、服务质量，按照公平、公正、公开的原则，在每年的 3 月底以前核定各组团社本年度组织出国旅游的人数安排。

国务院旅游行政部门应当对省、自治区、直辖市旅游行政部门核定组团社年度出国旅游人数安排及组团社组织公民出国旅游的情况进行监督。

第七条 国务院旅游行政部门统一印制《中国公民出国旅游团队名单表》（以下简称《名单表》），在下达本年度出国旅游人数安排时编号发放给省、自治区、直辖市旅游行政部门，由省、自治区、直辖市旅游行政部门核发给组团社。

组团社应当按照核定的出国旅游人数安排组织出国旅游团队，填写《名单表》。旅游者及领队首次出境或者再次出境，均应当填写在《名单表》中，经审核后的《名单表》不得增添人员。

第八条 《名单表》一式四联，分为：出境边防检查专用联、入境边防检查专用联、旅游行政部门审验专用联、旅行社自留专用联。

组团社应当按照有关规定，在旅游团队出境、入境时及旅游团队入境后，将《名单表》分别交有关部门查验、留存。

出国旅游兑换外汇，由旅游者个人按照国家有关规定办理。

第九条 旅游者持有有效普通护照的，可以直接到组团社办理出国旅游手续；没有有效普通护照的，应当依照《中华人民共和国公民出境入境管理法》的有关规定办理护照后再办理出国旅游手续。

组团社应当为旅游者办理前往国签证等出境手续。

第十条 组团社应当为旅游团队安排专职领队。

领队在带团时，应当遵守本办法及国务院旅游行政部门的有关规定。

第十一条 旅游团队应当从国家开放口岸整团出入境。

旅游团队出入境时，应当接受边防检查站对护照、签证、《名单表》的查验。经国务院有关部门批准，旅游团队可以到旅游目的地国家按照该国有关规定办理签证或者免签证。

旅游团队出境前已确定分团入境的，组团社应当事先向出入境边防检查总站或者省级公安边防部门备案。

旅游团队出境后因不可抗力或者其他特殊原因确需分团入境的，领队应当及时通知组团社，组团社应当立即向有关出入境边防检查总站或者省级公安边防部门备案。

第十二条 组团社应当维护旅游者的合法权益。

组团社向旅游者提供的出国旅游服务信息必须真实可靠，不得作虚假宣传，报价不得低于成本。

第十三条 组团社经营出国旅游业务，应当与旅游者订立书面旅游合同。

旅游合同应当包括旅游起止时间、行程路线、价格、食宿、交通以及违约责任等内容。旅游合同由组团社和旅游者各持一份。

第十四条 组团社应当按照旅游合同约定的条件，为旅游者提供服务。

组团社应当保证所提供的服务符合保障旅游者人身、财产安全的要求；对可能危及旅游者人身安全的情况，应当向旅游者作出真实说明和明确警示，并采取有效措施，防止危害的发生。

第十五条 组团社组织旅游者出国旅游，应当选择在目的地国家依法设立并具有良好信誉的旅行社（以下简称境外接待社），并与之订立书面合同后，方可委托其承担接待工作。

第十六条 组团社及其旅游团队领队应当要求境外接待社按照约定的团队活动计划安排旅游活动，并要求其不得组织旅游者参与涉及色情、赌博、毒品内容的活动或者危险性活动，不得擅自改变行程、减少旅游项目，不得强迫或者变相强迫旅游者参加额外付费项目。

境外接待社违反组团社及其旅游团队领队根据前款规定提出的要求时，组团社及其旅游团队领队应当予以制止。

第十七条 旅游团队领队应当向旅游者介绍旅游目的地国家的相关法律、风俗习惯以及其他有关注意事项，并尊重旅游者的人格尊严、宗教信仰、民族风俗和生活习惯。

第十八条 旅游团队领队在带领旅游者旅行、游览过程中，应当就可能危及旅游者人身安全的情况，向旅游者作出真实说明和明确警示，并按照组团社的要求采取有效措施，防止危害的发生。

第十九条 旅游团队在境外遇到特殊困难和安全问题时，领队应当及时向组团社和中国驻所在国家使领馆报告；组团社应当及时向旅游行政部门和公安机关报告。

第二十条 旅游团队领队不得与境外接待社、导游及为旅游者提供商品或者服务的其他经营者串通欺骗、胁迫旅游者消费，不得向境外接待社、导游及其他为旅游者提供商品或者服务的经营者索要回扣、提成或者收受其财物。

第二十一条 旅游者应当遵守旅游目的地国家的法律，尊重当地的风俗习惯，并服从旅游团队领队的统一管理。

第二十二条 严禁旅游者在境外滞留不归。

旅游者在境外滞留不归的，旅游团队领队应当及时向组团社和中国驻所在国家使领馆报告，组团社应当及时向公安机关和旅游行政部门报告。有关部门处理有关事项时，组团社有义务予以协助。

第二十三条 旅游者对组团社或者旅游团队领队违反本办法规定的行为，有权向旅游行政部门投诉。

第二十四条 因组团社或者其委托的境外接待社违约，使旅游者合法权益受到损害的，组团社应当依法对旅游者承担赔偿责任。

第二十五条 组团社有下列情形之一的，旅游行政部门可以暂停其经营出国旅游业务；情节严重的，取消其出国旅游业务经营资格。

（一）入境旅游业绩下降的；

（二）因自身原因，在 1 年内未能正常开展出国旅游业务的；

（三）因出国旅游服务质量问题被投诉并经查实的；

（四）有逃汇、非法套汇行为的；

（五）以旅游名义弄虚作假，骗取护照、签证等出入境证件或者送他人出境的；

（六）国务院旅游行政部门认定的影响中国公民出国旅游秩序的其他行为。

第二十六条 任何单位和个人违反本办法第四条的规定，未经批准擅自经营或者以商务、考察、培训等方式变相经营出国旅游业务的，由旅游行政部门责令停止非法经营，没收违法所得，并处违法所得 2 倍以上 5 倍以下的罚款。

第二十七条 组团社违反本办法第十条的规定，不为旅游团队安排专职领队的，由旅游行政部门责令改正，并处 5 000 元以上 2 万元以下的罚款，可以暂停其出国旅游业务经营资格；多次不安排专职领队的，并取消其出国旅游业务经营资格。

第二十八条 组团社违反本办法第十二条的规定，向旅游者提供虚假服务信息或者低于成本报价的，由工商行政管理部门依照《中华人民共和国消费者权益保护法》《中华人民共和国反不正当竞争法》的有关规定给予处罚。

第二十九条 组团社或者旅游团队领队违反本办法第十四条第二款、第十八条的规定，对可能危及人身安全的情况未向旅游者作出真实说明和明确警示，或者未采取防止危害发生的措施的，由旅游行政部门责令改正，给予警告；情节严重的，对组团社暂停其出国旅游业务经营资格，并处 5 000 元以上 2 万元以下的罚款，对旅游团队领队可以暂扣直至吊销其导游证；造成人身伤亡事故的，依法追究刑事责任，并承担赔偿责任。

第三十条 组团社或者旅游团队领队违反本办法第十六条的规定，未要求境外接待社不得组织旅游者参与涉及色情、赌博、毒品内容的活动或者危险性活动，未要求其不得擅自改变行程、减少旅游项目、强迫或者变相强迫旅游者参加额外付费项目，或者在境外接待社违反前述要求时未制止的，由旅游行政部门对组团社处组织该旅游团队所收取费用 2

倍以上5倍以下的罚款，并暂停其出国旅游业务经营资格，对旅游团队领队暂扣其导游证；造成恶劣影响的，对组团社取消其出国旅游业务经营资格，对旅游团队领队吊销其导游证。

第三十一条 旅游团队领队违反本办法第二十条的规定，与境外接待社、导游及为旅游者提供商品或者服务的其他经营者串通欺骗、胁迫旅游者消费或者向境外接待社、导游和其他为旅游者提供商品或者服务的经营者索要回扣、提成或者收受其财物的，由旅游行政部门责令改正，没收索要的回扣、提成或者收受的财物，并处索要的回扣、提成或者收受的财物价值2倍以上5倍以下的罚款；情节严重的，并吊销其导游证。

第三十二条 违反本办法第二十二条的规定，旅游者在境外滞留不归，旅游团队领队不及时向组团社和中国驻所在国家使领馆报告，或者组团社不及时向有关部门报告的，由旅游行政部门给予警告，对旅游团队领队可以暂扣其导游证，对组团社可以暂停其出国旅游业务经营资格。

旅游者因滞留不归被遣返回国的，由公安机关吊销其护照。

第三十三条 本办法自2002年7月1日起施行。国务院1997年3月17日批准，国家旅游局、公安部1997年7月1日发布的《中国公民自费出国旅游管理暂行办法》同时废止。

三、《旅行社出境旅游服务规范》

1 范围

本标准规定了旅行社组织出境旅游活动所应具备的产品和服务质量的要求。

本标准适用于中华人民共和国境内旅行社提供的出境旅游业务。

2 规范性引用文件

下列文件对于本文件的应用是必不可少的。凡是注日期的引用文件，仅注日期的版本适用于本文件。凡是不注日期的引用文件，其最新版本（包括所有的修改单）适用于本文件。

GB/T 15971—2010 导游服务规范

GB/T 16766 旅游业基础术语

GB/T 26359—2010 旅游客车设施与服务规范

GB/T 31385—2015 旅行社服务通则

LB/T 009—2011 旅行社入境旅游服务规范

3 术语和定义

GB/T 15971—2010、GB/T 16766和GB/T 31385—2015确定的以及下列术语和定义适用于本文件。

3.1 组团社 outbound travel service

依法取得出境旅游经营资格的旅行社。

3.2 出境旅游 outbound tour

组团社组织的以团队旅游的方式，前往中国公布的旅游目的地国家/地区的旅行游览活动。

3.3 出境旅游领队 outbound tour escort

依法取得从业资格，受组团社委派，全权代表组团社带领旅游团出境旅游，监督境外接待旅行社和导游人员等执行旅游计划，并为旅游者提供出入境等相关服务的工作人员。

3.4 出境旅游产品 outbound tour product

组团社为出境旅游者提供的旅游线路及其相应服务。

3.5 旅游证件 tour certification

因私护照和/或来往港澳/台湾地区的通行证。

3.6 出境旅游合同 outbound tour contract

组团社与旅游者（团）双方共同签署并遵守、约定双方权利和义务的合同。

3.7 奖励旅游 incentive travel

组织为其业绩优秀的员工提供所需经费，并委托专业旅游机构（组团社）精心组织，以弘扬企业文化、传达组织对其员工的感谢与关怀为创意，以增强员工的荣誉感和企业凝聚力、刺激业绩增长形成良性循环为主要目的的旅游活动。

3.8 同业合作 travel agencies' community cooperation

组团社之间互为代理对方的出境旅游产品，或者组团社委托其零售商代理销售其出境旅游产品并代为招徕出境旅游者的业务合作活动。

4 出境旅游产品

4.1 产品要求

组团社应编制并向旅游者提供《旅游线路产品说明书》（以下简称《说明书》）。《说明书》应符合 GB/T 31385—2015 的要求。

4.2 设计要求

出境旅游产品设计除应满足 GB/T 31385—2015 的要求外，还应：

a）突出线路的主题与特色，适时开发并推出新产品；

b）优化旅游资源的配置与组合，控制旅游者消费成本；

c）充分考虑旅游资源的时令性限制；

d）确保旅游目的地及其游览/观光区域的可进入性；

e）符合国家法律法规、部门规章、国家或行业标准的要求；

f）具有安全保障，正常情况下能确保全面履约，发生意外情况时有应急对策；

g）产品多样化，能满足不同消费档次、不同品位的市场需求，符合旅游者的愿望。

5 服务提供通用要求

5.1 总要求

5.1.1 组团社应在受控条件下提供出境旅游服务，以确保服务过程准确无误。为此，组团社应：

a）下工序接受上工序工作移交时进行检验复核，以确认无误；

b）确保其工作人员符合规定的资格要求和具备实现出境旅游服务所必需的能力，以证实自身的服务过程的质量保障能力和履约能力；

c）确立有效的服务监督方法并组织实施；

d）为有关工序提供作业指导书；

e）提供适当的培训或其他措施，以使员工符合规定的资格要求并具备必需的能力；

f）认真查验登记并妥善保管旅游者提供的相关旅游证件及资料，需要移交时保留移送交接记录。

5.1.2 组团社应安排旅游团队从国家开放口岸整团出入境，并按照出境旅游合同的约定，为旅游者提供服务。

在旅游过程中，组团社及其领队人员应：

a）对可能危及旅游者人身、财产安全的因素：

——向旅游者做出真实的说明和明确的警示；

——采取防止危害发生的必要措施。

b）尊重旅游者的人格尊严、宗教信仰、民族风格和生活习惯。

5.2 营销服务

5.2.1 门市部营业环境与销售人员

门市部营业环境与销售人员应符合 GB/T 31385—2015 第 6 章的要求。

5.2.2 接受旅游者报名

接受旅游者报名时，营业销售人员除应符合 GB/T 31385—2015 第 6 章的要求外，还应：

a）向旅游者提供有效的旅游产品资料，并为其选择旅游产品提供咨询；

b）告知旅游者填写出境旅游有关申请表格的须知和出境旅游兑换外汇有关须知；

c）认真审验旅游者提交的旅游证件及相关资料物品，以使符合外国驻华使领馆的要求，对不适用或不符合要求的及时向旅游者退换；

d）向旅游者/客户说明所报价格的限制条件，如报价的有效时段或人数限制等；

e）对旅游者提出的参团要求进行评价与审查，以确保所接纳的旅游者要求均在组团社服务提供能力范围之内；

f）与旅游者签订出境旅游合同及相关的补充协议，并提供《旅游线路产品说明书》作为旅游合同的附件；

g）接受旅游者代订团队旅游行程所需机票和代办团队旅游行程所需签证/注的委托；

h）计价收费手续完备，收取旅游费用后开具发票，账款清楚；

i）提醒旅游者有关注意事项，并向旅游者推荐旅游意外保险；

j）妥善保管旅游者在报名时提交的各种资料物品，交接时手续清楚；

k）将经评审的旅游者要求和所做的承诺及时准确地传递到有关工序。

5.3　团队计调运作

5.3.1　旅游证件

组团社应确保旅游者提交的旅游证件在送签和移送过程中在受控状态下交接和使用。

5.3.2　境外接团社的选择与管理

组团社应对境外接团旅行社进行评审，在满足下列条件的旅行社中优先选用，并与其签订书面接团协议，以确保组团社所销售的旅游产品质量的稳定性：

a）依法设立；

b）在目的地国家/地区旅游部门指定或推荐的名单内；

c）具有优良的信誉和业绩；

d）有能够满足团队接待需要的业务操作能力；

e）有能够满足团队接待需要的设施和设备；

f）有能够满足团队接待需要且符合当地政府资质要求的导游人员队伍，并不断对其进行培养和继续教育，以使其不断提高其履行出境旅游合同约定的意识和服务技能，持续改进服务质量；

g）订立了符合出境旅游合同要求的导游人员行为规范，并能在导游人员队伍中得到有效实施。

组团社应定期对境外接待社进行再评审，并建立境外接团社信誉档案。评审间隔不应超过1年。

相关的记录应予保存。

5.3.3　旅游签证/注

组团社应按照旅游者的委托和旅游目的地国驻华使领馆/我公安等部门的要求为旅游者代办团队旅游签证/注。对旅游者提交的自办签证/注，接收时应认真查验，以使符合外国驻华使领馆的要求。

代办签证/注过程中产生的相关交接记录应予保存。

5.3.4　团队计划的落实

组团社应根据其承诺/约定、旅游线路以及经评审的旅游者要求/委托，与有关交通运输、移民机关、接团社等有关部门/单位落实团队计划的各项安排/代办事项，确保准确无误。

组团社在落实团队计划过程中发现任何不适用的旅游者物品资料，应及时通知旅游者更换/更正。

与境外接待社落实团队接待计划确认信息的书面记录应予保存。

公商务旅游团队，组团社应与出团单位的联系人保持有效沟通，并对出团单位审定的方案进行评审并保存记录，以确保所需服务在组团社的提供能力范围内。超出能力范围的，应与出团单位协商解决。

团队计划落实妥当后，计调人员应做好如下工作并保存相应的移送交接记录：

a）将如下信息如实告知领队人员，并提供相应的书面资料：

——团队计划落实情况，如团队行程；

——团队名单；

——旅游者的特殊要求。

b）向领队移交：

——团队的旅游证件；

——团队机票；

——团队出入国境时需使用的有关表格；

——公安边检查验用的团队名单表（需要时）；

——另纸签证（需要时）；

——团队的其他相关资料。

5.3.5　行前说明会

出团前，组团社应召开出团行前说明会。在会上，组团社应向旅游者：

a）重申出境旅游的有关注意事项以及外汇兑换事项与手续等；

b）发放并重点解读根据《旅游产品计划说明书》细化的《行程须知》；

c）发放团队标识和《游客旅游服务评价表》；

注：参照 LB/T 009—2011 附录 C 给出的参考样式。

d）翔实说明各种由于不可抗力/不可控制因素导致组团社不能（完全）履行约定的情况，以取得旅游者的谅解。

《行程须知》除细化并如实补充告知《说明书》中交通工具的营运编号（如飞机航班号等）和集合出发的时间地点以及住宿的饭店名称外，还应列明：

a）前往的旅游目的地国家或地区的相关法律法规知识和有关重要规定、风俗习惯以及安全避险措施；

b）境外收取小费的惯例及支付标准；

c）组团社和接团社的联系人和联络方式；

d）遇到紧急情况的应急联络方式（包括我驻外使领馆的应急联络方式）。

5.3.6　国内段接送旅游汽车

国内段接送旅游汽车应符合 GB/T 26359—2010 的要求。

5.4　领队接待服务

5.4.1　总要求

出境旅游团队应配备符合法定资质的领队。

5.4.2 领队素质要求

领队人员应：

a）符合 GB/T 15971—2010 要求的基本素质；

b）切实履行领队职责、严格遵守外事纪律；

c）已考取领队证并具备：

——英语或目的地国家/地区语言表达能力；

——导游工作经验和实操能力；

——应急处理能力。

5.4.3 领队职责

领队应：

a）维护旅游者的合法权益；

b）与接待社共同实施旅游行程计划，协助处理旅游行程中的突发事件、纠纷及其他问题；

c）为旅游者提供旅游行程的相关服务；

d）代表组团社监督接待社和当地导游的服务质量；

e）自觉维护国家利益和民族尊严，并提醒旅游者抵制任何有损国家利益和民族尊严的言行；

f）向旅游者说明旅游目的地的法律法规、风土人情及风俗习惯等。

5.4.4 领队服务规范

5.4.4.1 通则

领队服务应符合 GB/T 15971—2010 的相关要求。

领队应认真履行领队职责（见 5.4.3），按旅游合同的约定完成旅游行程计划。

5.4.4.2 出团准备

领队接收计调人员移交的出境旅游团队资料时应认真核对查验。

注：出境旅游团队资料通常包括团队名单表、出入境登记卡、海关申报单、旅游证件、旅游签证/签注、交通票据、接待计划书、联络通讯录等。

领队应提前到达团队集合地点，召集、率领团队按时出发，并在适当的时候代表组团社致欢迎词。

5.4.4.3 出入境服务

领队应告知并向旅游者发放通关时应向口岸的边检/移民机关出示/提交的旅游证件和通关资料（如：出入境登记卡、海关申报单等），引导团队依次通关。

向口岸的边检/移民机关提交必要的团队资料（如：团队名单、团体签证、出入境登记卡等），并办理必要的手续。

领队应积极为旅游团队办妥乘机和行李托运的有关手续，并依时引导团队登机。

飞行途中，领队应协助机组/空乘人员向旅游者提供必要的帮助和服务。

5.4.4.4 旅行游览服务

领队应按组团社与旅游者所签的旅游合同约定的内容和标准为旅游者提供符合 GB/T 15971—2010 要求的旅游行程接待服务，并督促接待社及其导游员按约定履行旅游合同。

入住饭店时，领队应向当地导游员提供团队住宿分房方案，并协助导游员办好入店手续。

在旅游途中，领队应：

a）积极协助当地导游为旅游者提供必要的帮助和服务；

b）劝谕引导旅游者遵守当地的法律法规，尊重当地风俗习惯；

c）随时注意团队安全。

旅游行程结束时，应通过向旅游者发放并回收《游客旅游服务评价表》征询旅游者对旅游行程服务的意见，并代表组团社致欢送词。

5.4.4.5 特殊/突发情况的处理

组团社应建立健全应急预案和应急处理机制，建立保持畅通的沟通渠道。

旅游者在旅游过程中遇到特殊困难、旅游者在境外滞留不归或出现特殊/突发情况，如事故伤亡、行程受阻、财物丢失或被抢被盗、重大传染性疾病、自然灾害等，领队应积极协助有关机构或直接做出有效的处理，并向我驻当地使领馆报告，获得帮助，以维护旅游者的合法权益。

注：GB/T 15971—2010 附录 A 提供了应急处理的原则。

6 服务提供特别要求

6.1 奖励旅游

组团社应为组织者度身定做奖励旅游专项产品。奖励旅游产品应与组织者奖励旅游的创意和目的相匹配。组团社应参照本标准 5.3.4 的要求提供相关服务。

6.2 同业合作

6.2.1 导则

组团社之间或者组团社与其零售商之间，可依法建立批发与零售代理关系。

6.2.2 组团社

组织出团的组团社应：

a）向负责收客的旅行社提供符合本标准第 4 章要求的旅游产品；

b）向负责收客的旅行社招徕的旅游者提供符合本标准要求的出境旅游服务。

6.2.3 负责收客的旅行社

收客时，负责收客的旅行社应：

a）向旅游者披露组团社，并使用组团社指定的旅游合同；

b）向旅游者提供符合本标准要求的销售服务；

c）销售旅游线路产品时使用该产品组团社的《说明书》；

d）非经组团社同意，不向旅游者做出超出《说明书》范围的承诺。

6.2.4 转团

旅游团队因组团社原因不能按约成行，需将旅游者转到另外的组团社出团的，原签约的组团社应与旅游者签订转团合同，并与承担出团任务的组团社签订合作协议。

6.2.5 沟通

组团社、负责收客的旅行社与旅游者应保持有效的沟通，相关资料得到及时传递，客源交接的相关手续与信息清楚并保留相应的记录。

6.2.6 信誉档案

组团社与负责收客的旅行社应互建对方的信誉档案。

旅游者投诉时，属负责收客的旅行社自身责任所致的，负责收客的旅行社应及时做出处理；属组团社责任所致的，应及时会同组团社做出处理。

7 服务质量的监督与改进

7.1 总要求

组团社应按照本标准的要求并参照 GB/T 19001 的要求建立出境旅游服务质量管理体系。

组团社应建立健全出境旅游服务质量检查机构和监督机制，依据本标准对出境旅游服务进行监督检查。

7.2 服务质量的监督

组团社应通过《游客旅游服务评价表》、《领队日志》、电话回访、对自身出境旅游产品的定期评价、每年度对地接社及其地陪的服务供方评价及其他方式认真听取各方面的意见；对收集到的旅游者反馈信息进行统计分析，了解旅游者对出境旅游服务的满意度。

7.3 服务质量的改进

组团社应根据旅游者的满意度对存在的质量问题进行分析，确定出现质量问题的原因。

组团社应针对出现质量问题的原因采取有效措施，防止类似问题再次发生，达到出境旅游服务质量的持续改进。

7.4 投诉处理

组团社对旅游者的投诉应认真受理、登记记录，依法做出处理。

组团社应设专职人员负责处理旅游者投诉。对于重大旅游投诉，组团社主要管理人员应亲自出面处理。

组团社应建立健全投诉档案管理制度。

图书在版编目（CIP）数据

出境旅游领队实务 / 曾招喜，全国花主编 . —北京：中国人民大学出版社，2019. 8
ISBN 978-7-300-27179-8

Ⅰ. ①出… Ⅱ. ①曾… ②全… Ⅲ. ①国际旅游-旅游服务-教材 Ⅳ. ①F590. 63

中国版本图书馆 CIP 数据核字（2019）第 158092 号

高等职业教育“十三五”规划精品系列教材
21 世纪高职高专规划教材·旅游管理系列
出境旅游领队实务
主　编　曾招喜　全国花
副主编　田　超　张爱文
Chujing Lüyou Lingdui Shiwu

出版发行	中国人民大学出版社		
社　　址	北京中关村大街 31 号	**邮政编码**	100080
电　　话	010－62511242（总编室）		010－62511770（质管部）
	010－82501766（邮购部）		010－62514148（门市部）
	010－62515195（发行公司）		010－62515275（盗版举报）
网　　址	http://www.crup.com.cn		
经　　销	新华书店		
印　　刷	唐山玺诚印务有限公司		
规　　格	185 mm×260 mm　16 开本	**版　　次**	2019 年 8 月第 1 版
印　　张	8.75 插页 1	**印　　次**	2022 年 6 月第 4 次印刷
字　　数	179 000	**定　　价**	34.80 元

版权所有　侵权必究　　印装差错　负责调换

信息反馈表

尊敬的老师：

您好！为了更好地为您的教学、科研服务，我们希望通过这张反馈表来获取您更多的建议和意见，以进一步完善我们的工作。

请您填好下表后以电子邮件、信件或传真的形式反馈给我们，十分感谢！

一、您使用的我社教材情况

您使用的我社教材名称			
您所讲授的课程		学生人数	
您希望获得哪些相关教学资源			
您对本书有哪些建议			

二、您目前使用的教材及计划编写的教材

您目前使用的教材	书名	作者	出版社
您计划编写的教材	书名	预计交稿时间	本校开课学生数量

三、请留下您的联系方式，以便我们为您赠送样书（限1本）

您的通信地址			
您的姓名		联系电话	
电子邮箱（必填）			

我们的联系方式：

地　址：苏州工业园区仁爱路158号中国人民大学苏州校区修远楼

电　话：0512-68839320　　传　真：0512-68839316

网　址：www.crup.com.cn　　邮　编：215123